조개껍질에서
비트코인까지
부의
대이동 법칙

머니
MONEY

조개껍질에서 비트코인까지 부의 대이동 법칙

머니

이흥규 지음

MONEY

글라이더

돈의 기원

돈의 탄생

　인류의 역사가 시작된 이래 모든 본질적인 경제활동은 교환이었다. 교환은 곧 화폐와 상품이 교환되는 과정이었다. 화폐가 출현하기 전에는 물물교환을 했다. 인류의 경제활동이 활발해질수록 거래의 양과 종류는 증가했다. 거래의 수준이 높아질수록 화폐는 삶의 모든 영역에 깊이 파고들었다. 따라서 화폐는 인류의 역사와 같이 존재했다. 상품유통의 산물인 화폐는 물물교환에서 시작하였지만, 이 과정에서 서로 가치가 다르고 유통하기에 어려운 문제점이 드러났다. 이로 인해 화폐가 탄생하게 되었다.

부족에서 국가가 생긴 이후 각 나라는 자국 화폐를 발행한다. 요컨대, 화폐는 인류 생존을 위한 필수품이자, 경제 발전을 위해 태어난 산물이다. 화폐의 탄생은 인류사에서 매우 중요한 일이다. 화폐는 인류가 문명사회로 나아가고 있다는 것을 보여주는 지표 가운데 하나다. 또한 화폐는 인류의 경제적 삶을 폐쇄되고 침체된 문화에서 개방되고 번영하는 삶으로 바꾸어 주었다.

화폐는 다른 상품과 교환이 가능한 상품 가치의 상징물이면서 문명사회에 없어서는 안 될 필수품이 되었다. 아울러 화폐는 부의 상징이 되었다. 인류의 역사 속에서 한 가지 진리를 깨달았다. 화폐는 항상 그 사회의 안정과 발전의 척도라는 것이다. 문명사회에서 화폐가 존재하지 않는 사회는 상상조차 할 수 없다.

금속 화폐의 등장

금속은 운반에 유리하고 균일한 성질을 가지고 있어 화폐로서 적당하다. 주로 금화, 은화, 동화, 철화 등으로 만들어졌다. 이 중 동화는 청동화인 경우가 많았다. 고대에서 중세에 걸쳐 금속화폐는 금속자원의 채굴량에 좌우되었다. 광산이 고갈되면 화폐제도 자체가 중대한 위협을 받았다.

현존하는 세계 최고(最古)의 경화는 아나톨리아 반도의 리디아 왕국에서 사용한 호박금이다. 그리스에도 영향을 주어 기원전 650년경 아르고스에서 은화가 만들어졌다. 기원전 550년경에는 리디아 호박금에서 분리된 금화를 바탕으로 타소스섬에서 금화가 만들어졌다. 이 외에도 스파르타나 아르고스에서 철화가 사용되었다. 기원전 6세기가 되면 경화가 에게 해 일대에서 널리 이용되었다. 폴리스들은 각각 상이한 화폐를 발행했기에 환율이 중요한 역할을 했다. 이를 바탕으로 환전상들은 재산을 축적해 나갔다. 이것을 대부에 활용했는데, 이것이 은행의 기원이다.

이슬람 상인들이 발명한 수표

　일상적인 거래에서는 소액 화폐가 필요했다. 은화는 고액이었기에 서유럽 각지에서는 상품화폐의 신용거래가 증가하였다. 소규모 시장에서는 구두를 통한 신용거래가 행해졌다. 10세기부터 이슬람 세계나 수표, 환어음 등의 영향을 받던 이탈리아에서는 13세기에 예금은행이 등장했다. 이는 공증인의 증서로 이루어졌으나, 이후 신서(信書)에 의해 이루어지게 되었다. 환전상도 고리업자나 은행가로 발전하기 시작해, 메디치 가문처럼 군주가 되는 경우도 생겼다. 예금은행은 중류 상인에 의한 사업으로 14세기에는 대상인에 의한 수표가 유통되었다.

진시황, 화폐를 통일하다

동양에서는 중국의 춘추전국시대에 철기가 처음 사용되면서 철을 소재로 한 돈이 만들어졌다. 이 돈은 동전처럼 둥글지 않고 칼이나 농기구처럼 생겼다. 당시에는 농기구가 가장 소중한 것이었기 때문에 돈도 그 모양으로 만들었다. 이를 '명도전'이라고 한다. 기원전 221년 무렵, 중국 진나라의 진시황은 청동 주화를 도입했다. 중국 대륙을 최초로 통일한 황제인 그는 '도량형(度量衡, 길이와 부피와 무게)' 단위의 통일과 함께 화폐를 전국적으로 유통시켰다.

이전의 칭량 화폐(秤量貨幣, 품위와 중량을 감정하고 계량해서 사용하던 화폐)는 무게를 하나하나 재는 데 시간이 걸리고, 무겁게 지니고 다녀야 해서 불편했다. 이러한 문제점을 해결하기 위해 주조 화폐가 생겨났다. 금속 주조술이 발전하면서 교환의 효율성을 촉진하기 위해서 화폐에 일정량의 금속을 함유하도록 공인하고, 공적 각인을 새겨야 할 필요성이 생겼다. 이것이 주화의 기원이다. 주화의 각인은 양면 모두에 나타나며, 때로는 가장자리에까지 새겨져 있어 금속의 순도뿐 아니라 중량까지 확인할 수 있었다.

그레샴의 법칙: 악화가 양화를 구축한다

이에 따라 무게를 재지 않고도 주화의 개수만으로 거래가 가능해졌다. 이 때문에 오늘날 주화를 뜻하는 영어단어 'coin'은 '주조하다'의 뜻도 있다. 그러나 주화에도 한계가 있었다. 금속의 양에 따라 가치가 불안정했다. 위변조가 심각해졌고, 재정을 확보하기 위해 아예 국가에서 나서서 악화를 주조하는 데 앞장서기도 했다. 금속의 양이 적은 악화가 통용되면서 더 가치 있는 양화는 교환에 사용하는 것보다 그냥 보관해 두는 것이 더 이득이었다. 양화는 점점 금고로 들어가고 악화만 유통되는 현상이 벌어졌다. 이것을 '악화가 양화를 구축한다'라고 말한다.

'악화가 양화를 구축한다'라는 말은 16세기 영국의 금융가 토머스 그레샴이 주장한 '나쁜 돈은 착한 돈이 유통되지 못하도록 쫓아낸다.(Bad money will drive good money out of circulation.)'는 말을 우리말로 번역한 것이다. 잘 쓰지 않는 한자어를 동원해 이해를 방해한 사례이다. '구축(驅逐)'은 '쫓아낸다'는 의미의 한자어다. '악화'는 글자 그대로 '나쁜 돈', '양화는 '착한 돈'을 의미한다.

여기에서 나쁜 돈과 관련이 있는 시뇨리지(Seigniorage)라는 개념이 등장한다. 시뇨리지라는 말은 중세 봉건시대에 영주(시뇨르, Seigneur)들이 화폐를 주조하며 이득을 챙겼던 것에서 비롯됐다. 화폐는 국가가 통제하면서 주화로 발전하는데, 주화는 국가가 규격화해 통제한 화폐를 의미한다.

일반인들이 주화를 얻으려면 금이나 은을 가지고 영주 등 지배 세력이 독점적으로 운영하는 주화 주조창으로 가야만 했다. 그러면 영주들은 가져온 금의 일부를 떼어 수수료로 챙기고, 나머지 부분만 녹여 일정한 규격과 모양의 합법적인 화폐 형태인 주화로 모양을 만들어줬다. 이때 떼어낸 금덩어리 등으로 수수료를 챙긴 영주들은 막대한 이익을 챙길 수 있었다.

은행을 탄생시킨 지폐

지폐(紙幣)는 종이로 만든 돈을 가리키는 한자어다. 지폐는 언제 탄생했을까? 공식적으로 지폐가 발생된 것은 중국 남송 시대이다. 하지만 그보다 앞선 10세기경 중국 상인들이 예탁증서 형태로 사용하던 '교자'가 세계에서 가장 오래된 지폐라는 것이 정설이다. 당나라 시대에 사용하던 신용 어음인 비전을 이은 것으로, 위조가 쉬운 만큼 상당한 신용이 있어야 하는 화폐의 종류이기 때문에 당시 중국의 상업이 얼마나 발전되었는지를 알려준다. 원나라 시대에는 교초라는 이름으로 사용되었다.

마르코 폴로가 원나라에 갔다 와서 "중국 애들은 금화 대신 종이로 돈을 대신하더라."라고 했더니 전부 그를 "거짓말하지 마라. 금화 대신 종이로 물건값을 지불하다니, 중국에는 전부 바보들만 산단 말이야?"라고 비웃으며 허풍쟁이라고 놀려댔다.

그러다 중국에서도 원나라 후기에 들어서며 과도한 지폐의 발행으로 인플레이션이 폭발하여 경제가 무너졌다. 고려를 포함한 주변 국가의 경제를 같이 날려버리면서 교초는 가치를 잃었다. 이후 명나라에서도 지폐를 발행하려고 했다. 우리나라에서도 고려 말부터 조선 초에 종이 돈인 저화를 발행했지만, 이미 한번 인플레이션이 터져 종이 화폐 가치에 대한 신용이 떨어져 지폐는 정착되지 못했다.

중국에서는 동전을 사용했고, 우리나라에서 상평통보가 대중화되기 이전까지 쌀과 면포가 화폐 역할을 했다. 17세기에 사원이나 장원에서 독자적으로 발행했던 일본을 제외하면 정착되지 않았다. 유럽에서는 1661년 은화가 부족한 스웨덴의 스톡홀름 은행이 최초로 발행하였으며, 영국에서는 17세기 말에 발행을 시작하였다. 프랑스는 1718년 파리에 은행을 설립한 스코틀랜드인 존로가 지폐를 소개하여, 국왕이 그에게 은화와 같은 가치의 지폐를 발행하도록 허락하였다.

돌고 도는 돈의 역사

종이 화폐의 출현은 화폐 발전사에서 중대한 변혁이었다. 종이 화폐는 금의 시대를 끝내고 처음으로 본위화폐의 지위까지 올라갔다. 이제 모든 상품의 세계에서 활약하기 시작했다. 동시에 처음으로 기호로 가치를 대신했다. 역사를 돌이켜보면 인류 최초의 거래 방식은 물물교환이었다. 나중에 조개껍질을 화폐로 삼았다가 점차 구리, 금, 은, 종이로 변화해왔다. 특히 문명사회에서 화폐가 존재하지 않는 것은 이제 상상조차 할 수 없다. 다만 역사적인 시간과 공간에 따라 존재 형태가 다를 뿐이다. 화폐는 다른 모든 상품과 직접 교환이 가능한 상품 가치의 상징이다. 문명사회에 없어서는 안 되는 필수품이다. 그래서 화폐는 부의 상징이 되었다.

상품의 생산자 또는 상품 소비자가 얼마나 많은 화폐를 보유하고 있느냐에 따라 빈부가 결정된다. 한 나라와 기업도 예외가 아니다. 그래서 화폐가 생긴 이래 인류가 화폐를 추구하는 것은 본질적으로 부에 대한 추구이기도 하다. 화폐는 자연히 부의 상징이자 인류의 발전을 상징하는 기준이 되었다. 국가가 출현한 뒤부터 화폐는 국가권력을 상징하는 뚜렷한 특징을 보여주었다. 동양의 전통 사회 및 서방의 고대 로마 시대와 중세 봉건사회에서 화폐와 관련된 모든 권력은 국가, 정부, 제왕에게 속해 있었다. 이외 다른 누구도 국가의 흥망성쇠와 관련된 화폐의 발행, 관리, 감독의 영역에 접근할 수 없었다. 중국은 서한 시대 중반부터 지금까지 화폐에 관한 모든 권한을 국가에서 관리 감독하고 있다. 한 나라의 금융을 장악한다는 것은 그 나라의 운명을 손에 쥐고 있다는 것이다. 금융의 핵심은 바로 화폐이다.

현대사회에서 성공의 척도는 이제 돈을 많이 벌어 부자가 되는 것이다. 돈을 많이 벌기 위해서는 우선 돈에 대한 공부가 필요하다. 부자가 되기 위해 할 수 있는 최고의 투자는 자신을 위한 학습이다. 돈의 역사를 공부하면 미래를 내다볼 수 있다. 큰 재앙을 피할 수도 있고 많은 돈을 벌 수도 있다. 돈과 역사의 관계를 알게 되면 앞으로 있을 부의 이동에서 올바른 편에 설 수 있다. 그 이유는 돈의 역사는 끊임없이 반복되기 때문이다.

2024년 3월
이홍규

차례

4장. 디지털 화폐 시대는 어떻게 펼쳐질 것인가?

5장. 돈의 흐름을 새롭게 만들어가는 세계 각국

1장,
세상을 지배한 돈

향료무역으로 세계해양패권을 장악한 포르투갈

"평범함은 갈망해야 할 대상이 아니라 벗어나야 할 대상이다." - 조디 포스터

피레네 산맥 서쪽의 이베리아반도는 유럽 대륙과는 다른 문화적, 인종적인 특징이 있다. "피레네산맥의 서쪽은 유럽이 아니다"라는 말도 있을 정도다. 그도 그럴 것이 역사적으로 보면 고립된 공간 속에서 이베리아반도는 숱한 이민족의 지배를 받아왔기 때문이다. 사실 이베리아반도는 지리적으로 유럽보다는 아프리카와 더 밀접했다. 유럽 본토와는 해발 3,000㎞가 넘는 험준한 피레네산맥을 경계로 하고 있지만, 아프리카와는 너비 15㎞밖에 안 되는 협소한 지브롤터 해협만을 사이에 두고 있기 때문이다. 이런 이유로 이베리아반도에 최초로 정착한 사람들도 BC 3천 년경 북아프리카에서 건너온 이들이었다. 스페인이나 포르투갈 사람들이 다

른 유럽인들에 비해 피부가 까무잡잡한 이유도 여기에 있다. 이후 BC 10세기경 이베리아반도에 유럽 본토에서 켈트족이 유입되고, 북아프리카인과 켈트족의 혼혈이 거듭되어 오늘날의 이베리아인들을 만들게 되었다. 그러다가 BC 6세기경에는 북아프리카 카르타고인들의 식민 지배를 받게 되면서 최초로 문명사회로 진입할 수 있게 되었다.

이후 카르타고가 BC 2세기경 포에니 전쟁에서 패하자, 이베리아반도의 주인은 로마제국으로 바뀌게 된다. 그 후 AD 5세기경 로마제국이 멸망하자 이번에는 게르만족의 지배를 받게 된다. 이때 세워진 나라가 서고트 왕국이었다. AD 8세기경에는 또다시 이슬람 세력에 의해서 이베리아반도의 주인이 바뀌게 된다. 결국 이베리아반도는 문명이 시작된 이래로 고대와 중세 시대를 지나는 동안 매번 이민족의 지배를 받고 있었던 것이다.

이슬람 지배를 받던 시기, 로마제국 시대부터 기독교를 믿기 시작했던 토착민들은 종교적으로 강한 거부감을 느끼고 있었다. 종교적 박해를 피하려고 사람들은 반도의 북쪽으로 모여들었다. 그 이후 나라를 세워 저항했었다. 그러면서 호시탐탐 옛 영토의 회복을 꾀하고 있었다. 하지만 이슬람 세력은 더 강했고 문화적으로도 우수하여 당시 이슬람인들의 수도였던 코르도바는 서유럽에서 가장 큰 도시로 번창했다.

11세기 당시 코르도바에는 40만 권을 소장한 도서관이 있었고, 세계 각지에서 모여든 학자들로 넘쳐 났다. 그래서 이베리아반도를 통일하려는 기독교인들의 야심을 이루기란 결코 쉽지 않았다. 11세기 말 십자군 전쟁이 발발하자 이베리아반도는 다른 기독교인들의 적극적인 후원을 받게 된다. 그 이유는 당시 이베리아반도의 서쪽은 지중해와 북유럽을 오고 가는 데 있어서 지리적 요충지였기 때문이다. 군대의 물자 보급과 함대의 기착지로 유용한 곳이었다. 기독교인들은 그 땅을 차지하고 싶었던 것이었다.

그렇게 해서 결국, 1143년 이베리아반도 최초의 민족국가라 할 수 있는 포르투갈 왕국이 탄생했다. 당시 포르투갈은 유럽의 다른 봉건 체제 국가들과 달리 국민들의 전폭적인 지지를 받았다. 그로 인해 중앙집권적 체제로 운영될 수 있어 최초의 민족국가가 탄생하게 되었다. 아시아에서는 이미 1,000년 전부터 행해지던 정치 시스템이었지만, 어쨌든 포르투갈 국왕의 존재는 당시 국민들에게 강한 소속감을 느끼게 해줬다. 그렇다고 해서 포르투갈의 장래가 보장되는 것은 아니었다. 13세기 이후 다시 이슬람 세력들이 강성해졌고, 기독교인들은 반도의 북쪽으로 다시 내몰리고 있었기 때문이다. 따라서 포르투갈 사람들은 심각하게 장래를 고민했다. 그들은 왜 이 시기에 대항해를 시도했을까? 당시 지중해 지역에는 오스만튀르크 제국이라는 거대한 이슬람 국가가 탄생하고 있었다. 오스만튀르크는 서구 국가들에 목의 가시와 같은 존재였다. 아시아와 교역을 하려고 해도, 혹은 아프리카와 교역을 하려고 해도 오스만튀르크가 버티고 있어 자유롭게 행동할 수 없었다.

세계사를 바꾼 향신료

당시 서구 국가들은 아시아에서 들여오는 향신료에 목말라 있었다. 향신료는 서구 요리를 획기적으로 진보시킨 마법의 식자재였다. 특히 고기 요리에 사용하면서 맛이 다양해져서 소시지, 햄 등 육류를 가공할 때 향신료는 빠질 수 없었다. 게다가 온갖 병에 효과적인 건강식품으로 여겨졌다. 주로 귀족계급을 중심으로 향신료에 대한 수요가 증가했다.

이 향신료를 얻으려면 오스만튀르크를 거쳐야만 했다. 그러나 오스만튀르크와 서구 국가들은 늘 적대적인 관계였다. 당연히 향신료는 매우 비싼 가격에 거래가 되었다. '후추 1그램이 은 1그램'으로 간주할 정도였다. 하지만 서구 국가들에는 아직 오스만튀르크를 침략할 정도의 힘이 없었다. 결국 그들은 오스만튀르크를 멀리 돌아가며 아시아와 교역하는 루트를 모색했다. 그렇게 대항해 시대가 시작됐다.

14~15세기 당시 유럽은 중세를 지나 르네상스 시대로 접어든 시점이었다. 과학과 문학, 사상이 크게 번성했다. 그러던 1406년 유럽인들은 1200년 동안 빛을 보지 못했던 프톨레마이오스의 저서《지리학》에 관심을 두게 된다. 그 책에 인도에는 진귀한 향신료가 많고 중국이라는 나라로 가는 루트도 가르쳐주고, 중세 유럽인들이 전혀 모르고 있었던 신기한 지리적 내용으로 가득했다.

　　《지리학》의 내용을 토대로 세계 지도가 만들어지게 된다. 물론 현대적 관점에서 본다면 오류투성이였지만, 비교적 믿을만한 지리적 정보를 담고 있었다. 이 책은 인쇄가 되어 유럽 전역으로 퍼져나갔다. 유럽 지식인들의 세계관을 넓혀주는 큰 계기가 되었다. 그런가 하면 당시에는 후추가 유럽인들에게 주목받고 있었다. 그 당시 음식 보관이 쉽지 않은 시대였기 때문에 식품을 저장할 때는 향신료에 의존할 수밖에 없었다. 중세 유럽에서는 고기를 소금에 절여 저장했는데, 시간이 지나면 누린내가 심해져서 도저히 먹기 힘들었는데 후추를 사용해 보니깐 냄새가 말끔히 없어졌다. 즉, 당시 냉장고가 없었기 때문에 향신료의 수요가 높았다. 이러한 향신료는 유럽에서는 구할 수 있는 게 아니었기 때문에 가격이 폭등하여 고가에 거래될 수밖에 없었다. 게다가 이런 향신료 공급은 이슬람에 의해서 전량 독점되고 있었는데, 그마저 14세기 오스만튀르크제국이 세워지자, 유럽과 무역을 전면 중단시켰기 때문에 유럽인들은 향신료의 공급이 완전히 끊기게 되어 향신료에 대한 갈증은 최고조에 다다랐다.

항해왕 엔리케 왕자

'난세에 영웅이 난다'라는 말이 있다. 어려운 시대일수록 위대한 영웅이 나오기 마련이다. 그런데 포르투갈의 엔리케 왕자는 정말 위대한 영웅이었다. 만약 그가 없었더라면 과연 오늘날의 유럽이 있었을까 싶을 정도로 엄청난 파장을 몰고 왔다. 도대체 그는 어떤 인물이었을까? 1394년에 출생한 엔리케는 포르투갈의 왕 주앙 1세의 셋째 아들이다. 그는 어릴 적부터 프톨레마이오스의 《지리학》을 접했기 때문에 인도의 향신료와 아프리카 내륙부에 존재한다는 미지의 기독교 국가, '프레스터 존의 왕국'에 대한 관심이 많았다. 엔리케 왕자는 계속 생각에 잠겼다.

"정말 대서양은 막혀있을까? 만약 뚫려있다면 배를 타고 인도의 향신료와 중국의 비단을 얻을 수 있을 텐데."
"우리가 프레스터 존의 왕국과 동맹을 맺을 수만 있다면 얼마나 좋을까?"

늘 이런 생각에 잠겨 있던 엔리케 왕자는 자신의 꿈을 실현해 보기로 했다. 먼저 북아프리카의 작은 반도, 세우타를 점령하게

된다. 세우타는 작은 반도이지만 엔리케 왕자는 많은 것을 얻게
된다. 그것은 이슬람의 항해술이었다. 당시 유럽의 범선은 사각
돛 한 개만 달고 항해를 했었다. 그런데 이슬람의 범선은 돛을 여
러 개 달아 바람을 이용해서 보다 빠르게 항해할 수 있었다. 대항
해시대의 범선들은 사실 모두 이슬람의 배를 본뜬 것이었다. 이
슬람의 범선이 우수했던 것은 역풍이 불어도 앞으로 나아가는 항
해 능력에 있었다. 여기서 드는 의문점은 이런 것이 있다. 그렇게
훌륭한 기술을 가지고 있으면서도 세계를 제패할 생각을 못 했을
까? 원래 필요가 발명을 낳는다고 당시 이슬람 사람들은 윤택했
기 때문에 그런 필요성을 느끼지 못했다. 그에 반해 포르투갈은
유럽에서도 가장 가난했다. 세우타를 점령하면서 엔리케 왕자는
아프리카 대륙에 대한 전초기지를 마련하게 되었다. 이곳에서 이
슬람 상인들을 통해 이슬람의 뛰어난 항해술을 터득하게 된다.

　　포르투갈 최남단에 사그레스라는 어촌 마을이 있다. 포르투갈
사람들에게는 땅 끝 마을로 불리던 곳이다. 엔리케 왕자는 이곳에
해양 진출을 위한 전문 연구소를 세웠다. 엔리케 왕자는 이곳에
연구소를 지어 세계 각지의 우수한 조선 기술자, 항해기술자, 탐
험가, 지리학자, 천문학자 등을 초빙해서 연구하게 했다. 그렇게
해서 연구 자료가 축적되어 나중에는 세계 도처에서 소문을 듣고
자연스레 전문가들이 모이게 되었다. 포르투갈이 하루아침에 신

대륙을 개척한 것이 아니었다.

그런 노력과 준비가 있었기 때문에 신대륙 개척이 가능했다. 이곳에서 포르투갈인 들은 중국이 개발한 나침반을 개선했고 이슬람의 범선을 개선했다. 수학과 천문학을 이용해 항해술을 진정한 과학으로 발전시켰다. 당시까지 항해술은 상업적 필요에 의해 개발되고, 항로가 개척되었는데 당시 포르투갈의 항해술과 항로는 국가정책으로 개발되고 개척이 되었던 것이다. 이런 엔리케 왕자의 노력 덕분에 오랫동안 두려움의 대상이었던 대서양은 서서히 그 윤곽이 드러나기 시작했다.

그 이후 포르투갈 항해자들은 곧 아프리카로 떠났다. 1434년, 프톨레마이오스가 세계의 끝이라고 했던 서아프리카의 보자도르 곶에 도착한다. 포르투갈 사람들은 더 넓은 세계가 있음을 확인했다. 대서양은 생각보다 넓은 바다였다는 것을 알게 되고 세네갈과 카보베르데 섬을 발견하게 된다. 특히 카보베르데 섬은 이후 포르투갈이 브라질을 식민지로 만드는데 징검다리 역할을 하는 중요한 기착지가 된다.

나중에 기니만을 발견하게 되는데 이곳에서 드디어 포르투갈 사람들이 그토록 기다리던 향신료와 진귀한 상아를 얻을 수 있게 되었다. 유럽으로 돌아온 포르투갈인 들은 현지에서 구입한 향신료 등을 팔아 커다란 이득을 챙길 수 있었다. 그로 인해 포르투갈의 국고는 나날이 늘어갔다. 다행스럽게도 포르투갈이 해양탐사를 하던 1세기 동안 유럽의 나머지 국가들은 중세의 폐쇄적인 환경 속에서 끊임없는 암투 속에 있었다. 영국과 프랑스는 통일국가를 이루지 못한 채 서로 치열한 전쟁 중에 있었고 독일의 군소 국가들은 먼 국가와 친교를 맺고 가까운 나라를 공격하고 있었다.

이탈리아 도시국가들은 북유럽 상인과의 거래를 통해 전통 무역이 가져다주는 부귀영화를 누리고 있었다. 포르투갈의 이웃, 스페인은 자신들의 독립을 위해 쉼 없이 이슬람과 전쟁을 하고 있었다. 이러는 동안 포르투갈인 들은 아프리카의 해안 4,000km를 탐사하고 지도를 그려내고 있었다.

그런데 1460년 엔리케 왕자가 세상을 뜨고 만다. 포르투갈의 항해 산업은 주앙 2세에 의해 계승된다. 그는 아프리카 대륙의 땅 끝을 확인해 보고 싶었다. 주앙 2세는 바르톨로메우 디아스에게 기니만 밑으로 쭉 탐사를 해보라고 지시한다. 그리하여 디아스는 범선 3척을 가지고 남쪽 아프리카 지역을 탐험하게 된다. 아프리카 최남단 부근에서 그만 거친 풍랑을 만나게 되고 13일 밤낮을 표류하다가 구사일생으로 육지를 밟게 된다.

디아스는 이 육지를 폭풍의 고지라고 이름을 붙인다. 보고를 들은 주앙 2세는 희망봉이라고 이름을 바꿨다. 희망봉의 발견으로 포르투갈은 꿈에 그리던 아시아를 향한 디딤돌을 마련하게 된다. 당시 비싸게 유통되었던 향신료(후추)에 대한 열망이 결국 가난했던 포르투갈을 대항해 시대로 이끌어주었다.

다량의 은이 발견된
신대륙

유럽의 국가들이 세계 경제에서 두각을 나타낸 것은 대항해시대 이후의 일이다. 대항해시대에 스페인과 포르투갈은 경쟁하듯 원양항해를 시도했다. 미국 대륙으로 진출하거나, 지중해를 거치지 않고 아시아로 향하는 아프리카 항로 등을 개척했다. 대항해시대는 15세기 후반부터 본격적으로 시작되었다. 1448년에는 포르투갈의 바르톨로메우 디아스가 아프리카 남부의 희망봉에 도달하였고, 1498년에는 포르투갈의 바스코 다 가마가 아프리카를 돌아 인도까지 가는 항로를 개척했다. 한편 스페인은 포르투갈보다 조금 늦게 아프리카 항로를 개척하기 시작했다. 왕실은 콜럼버스가 인도를 개척하는 데 후원자가 되었다. 콜럼버스가 개척에 나선 인도항해는 대서양을 돌아 지구의 뒤편에서 아시아로 도달하는 루트를 말한다. 당시 인도와 인도네시아는 향신료가 생산되는 곳이었기 때문이다.

콜럼버스는 아메리카대륙에 가까운 크고 작은 점에 도달한 뒤, 그곳이 인도임을 믿어 의심치 않았다. 인도의 서쪽이라 생각해 서인도제도라 이름 붙였다. 물론 그곳은 신대륙 아메리카였다. 인도 항로를 개척하는 데 실패했지만, 덕분에 스페인은 아메리카대륙에 누구보다 일찍 진출하게 되었다. 콜럼버스가 진출할 당시 스페인은 아메리카 전 지역을 지배할 기세였다.

그런데, 거기에 포르투갈이 제동을 걸었다. 스페인과 함께 대항해시대에 위세를 떨치던 포르투갈 입장에서는 스페인이 아메리카를 독점하는 상황이 기분 좋을 리 없었다. 그들은 1494년, 로마교황을 설득해 '아메리카 대륙은 스페인과 포르투갈의 두 나라가 절반씩 나눠 가지도록 하라'는 명령을 하게 했다. 이는 스페인과 포르투갈 사이에 체결된 토르데시야스 조약으로 불린다. 이 조약은 유럽 이외의 영토를 스페인과 포르투갈의 소유로 나눈다는 내용을 명시한 것으로, 로마교황 알렉산데르 6세가 승인했다. 그 내용은 서경 46도 36분을 경계로 두 나라를 둘로 나누어 쪼갠다는 것으로, 형식상으로는 아메리카대륙뿐 아니라 전 세계가 둘로 나

뉘었다. 아메리카 원주민들로서 참으로 황당한 일이었다. 로마교황의 의지로 살고 있는 영토를 갑자기 빼앗긴 것이다. 당시 기독교인들에게는 자신의 종교를 널리 퍼뜨리는 것이 임무였기 때문에 부도덕한 일이라 여기지 않았다.

스페인의 탐욕이 빚어낸 죽음, 포토시 은광

스페인은 1545년 식민지였던 남미의 페루에서 포토시 은산을 발견했다. 이 은산을 비롯해 남미에서 산출되는 금과 은은 막대한 양이었다. 아메리카 대륙에서 운반되는 금, 은을 관리하던 세비야 상무원의 기록에 의하면, 1503년부터 1660년까지의 약 150년 동안 160만 톤의 은이 스페인으로 옮겨졌다고 한다. 당시 유럽 전체가 보유하던 은의 세 배에 달할 정도였다. 또한, 금도 아메리카 대륙에서 18만 톤이 옮겨졌는데, 전체 유럽 보유분의 20%에 해당하는 양이었다.

이 대량의 금과 은은 유럽의 금융 및 경제에 커다란 영향을 미쳤다. 유럽에는 금화와 은화가 대량으로 유통되었다. 이에 따라 국제 물류가 촉진됨과 동시에 물가 상승도 일어났다. 이러한 유럽 금융혁명의 그늘 아래서 남미의 원주민들은 엄청난 착취를 당하고 있었다. 스페인은 아메리카 대륙에서 식민정책을 추진하기 위해 '엔코미엔다(신탁)'라는 제도를 도입했다. 이 제도는 스페인에서 아메리카로 가는 자에게 현지인을 기독교 개종시키는 의무를 주고, 그 대신 현지의 세금 징수권을 부여하는 것이었다.

쉽게 이야기하면 '기독교의 포교'라는 명분을 내세움으로써 원주민에 대한 무차별적 착취를 허용한 것이었다. 아메리카로 건너간 스페인은 기독교 포교의 간판 뒤에서 약탈과 살육을 반복했다. 포토시 은산의 개발에도 수많은 원주민이 강제로 노동에 투입되었다. 결과적으로 1492년부터 200년 동안 원주민 인구의 90%가 학살당했다. 16세기의 스페인은 아메리카 대륙, 중동, 동남아시아 등 세계 각지에 식민지를 거느렸다. 그래서 스페인은 '해가 지지 않는 제국'이라 불렸다.

강한 스페인의 상징은 바로 무적함대였다. 당시 스페인은 강력한 해군력을 가지고 있었고, 그 위압에 의한 광대한 식민지를 획득하고 지배해왔다. 1571년 레판토 해전에서 기독교 국가의 숙적이었던 오스만튀르크를 무찔렀으니, 명실상부 무적함대로 등극한 것이었다. 이토록 강한 스페인도 17세기 들어서자, 쇠락의 길을 걷게 된다. 강력한 무적함대는 영국 해군에 밀렸으며, 결국 17세기 중반 무렵에는 세계의 패권을 영국에게 빼앗기고 말았다. 스페인이 쇠락하게 된 가장 큰 요인은 재정 문제였다. 결국 세계의 패권을 잡게 하는 것은 돈이었다. 대항해시대의 스페인은 식민지로부터 막대한 부를 착취하고 있었음에도 만성적인 재정위기에 시달렸다. 디폴트도 몇 차례나 일으켰다. 1556년 스페인의 왕위를 계승한 펠리페 2세는 아메리카 대륙을 포함한 광대한 스페인을 상속하였지만, 넘겨받은 부채는 그보다 많았다. 펠리페 2세의 뒤를 이은 3세는 더욱 비참했다. 왕위를 계승한 시점에 세입의 여덟 배에 달하는 부채가 있었기 때문이다.

아메리카 대륙에서 유럽 경제를 변혁시킬 정도의 금과 은을 들여온 스페인이 어쩌다가 이 정도로 재정이 약화되었을까? 첫 번째로 전쟁이다. 영국, 프랑스 등의 유럽 국가들과의 거듭된 전쟁, 거기에다 아랍에 접해있는 스페인은 오스만튀르크와도 종종 전쟁을 벌였다. 무적함대를 유지하는 것만으로도 상당한 비용이 드는데, 1572년부터 1575년 사이에 1,000만 더컷이 들었다고 한다. 이에 반해 스페인의 세수는 연간 500~600만 더컷에 불과했다.

또한, 스페인의 종교정책도 경제를 악화시키는 요인이 되었다. 스페인은 가톨릭을 국교로 삼고 개신교를 포함한 다른 종교를 용인하지 않았다. 이로 인해 개신교가 많은 영국, 프랑스와의 충돌의 빌미를 제공했다. 16세기가 끝나갈 무렵에 스페인의 일부였던 네덜란드가 독립한 것도 종교정책이 원인이었다. 당시 네덜란드는 세계에서 가장 부유한 지역이자 스페인 재정의 중요한 기둥이었다.

　개신교가 많던 네덜란드는 스페인 정부에 불만을 품고 있었다. 1568년이 되자 마침내 그 불만이 폭발하여 독립 전쟁이 일어났다. 이 전쟁은 '80년 전쟁'이라 불리며 최종적으로 전쟁이 끝난 것은 1648년이지만, 1580년 무렵에 네덜란드는 사실상 독립한 상태였다. 또한, 스페인은 1492년에 유대교도들을 추방한다. 돈 계산이 밝은 유대인을 쫓아낸 것은 스페인의 재정을 크게 악화시키는 요인이 되었다.

　무역, 금융에서 영향력을 행사하고 세계 각지에 네트워크를 형성하던 유대인이 없어짐으로써 스페인 경제는 혼란에 빠지게 되었다. 나아가 스페인은 재정 상태를 호전시키기 위해 최악의 세금 징수 시스템을 선택한다. 소비세의 일종인 알카발라(alcabala)를 실시했다. 이는 중세 무렵 이슬람권에서 도입되었다. 대항해시대의 스페인은 이 알카발라를 세수의 축으로 삼았다. 처음에는 부동산이나 일부 상품의 거래에만 부과되었다. 그런데 점차 과세 대상이 확대되어 식료품 등의 필수품에도 부과되었다.

　소비세는 오늘날에도 국가의 경기를 악화시키는 작용을 한다. 이 당시 스페인의 소비세는 그 정도가 심했다. 현재 세계 각지에서 실시되고 있는 소비세 대부분은 거래할 때마다 부과되는 것이 아니라 상품마다 부과된다. 그 상품을 최종적으로 소비하는 사람이 한 번만 소비세를 지불하는 구조이다. 하지만 당시 스페인 소비세는 거래 때마다 부과했다. 제조업자가 도매업자에게, 도매업자가 소매업자에게, 소매업자가 소비자에게 판매할 때마다 소비세가 부과되었다.

한 개의 상품이 거래업자의 손을 거칠 때마다 소비세가 축적되었다. 물론 축적된 소비세는 상품 가격에 반영되었다. 국왕 입장에서는 이 시스템에 의해 세수가 늘어나니 좋았지만, 하나의 상품에 이토록 높은 소비세를 부과하여 물가는 올라가고 경기는 나빠지게 되었다. 실제로 대항해시대의 스페인에서는 물가가 대폭 상승했다. 이 물가 상승은 아메리카 대륙에서 대량의 은이 유입되었기 때문이라는 것이 정설이긴 하지만, 스페인 물가 상승은 은의 도입 이전부터 시작되고 있었다.

그러니 당시 스페인 물가 상승의 가장 큰 원인은 소비세이다. 물가가 상승하면 상품이 다른 국가에 비해 비싸지고 수출 경쟁력은 떨어진다. 다른 한편으로 값싼 수입품이 국내시장에 들어오게 된다. 그 결과 스페인은 무역수지가 악화되었다. 남미의 포토시 은산에서 운반된 대량의 은은 스페인 카디스 항구에 들어와도 내륙으로 옮겨지지 않고 곧바로 유럽 각지로 보내졌다. 그 이유는 무역수지의 결제와 국왕의 빚을 갚기 위해 각지의 상인들에게 보내야 했기 때문이다.

스페인의 무역수지 악화, 재정 악화는 스페인의 해운업에도 심각한 영향을 미쳤다. 17세기가 되자 선박 수는 75% 이상 줄어들고, 스페인 항구는 외국의 배들로 점령당하게 되었다. 조선업 역시 대부분 망해서 없어진 상태였다. 당시 해운이라는 것이 평상시에는 상선으로 사용하던 선박을 전시에는 군함으로 이용하는 경우가 많았다. 해운업의 쇠퇴는 곧 해군력의 쇠퇴를 의미하였다. 스페인 무적함대가 급속히 그 힘을 잃게 된 배경에는 해운업의 쇠퇴가 있었던 셈이다. 소비세로 인한 무역수지의 악화가 가속했다.

최초의 주식회사인
네덜란드 동인도회사

"가장 비굴하고 초라해 보이는 사람들이
가장 야심차고 질투가 많다." - 스피노자

역사책을 보면 특이한 점을 발견하게 된다. 유럽인들은 아시아
에 진입하면서 특이하게도 회사라는 방식을 취했다. 아메리카에
서 아스텍과 잉카 같은 제국을 무너뜨리고 곧바로 자신의 지배체
제를 구축한 것과 비교하면 네덜란드나 영국, 프랑스 같은 나라가
동인도회사를 통해 식민 지배 체제의 기반을 만들어 간 것은 특
이하다. 사실 중국이나 인도, 아랍 지역이나 일본 등지에는 기존
질서가 탄탄하기 때문에 이를 쉽게 무너뜨리고 지배할 수 없었다.

따라서 우선 상업 거점을 확보했다. 이곳을 중심으로 교역을
확대해 나가는 것이 현실적인 방안이었다. 그런데 이 회사들은 오

늘날의 회사와는 성격이 판이하다. 직접적으로 이야기해서 동인 도회사라는 것은 민간 자본이 주축이 되어 있지만, 국가가 적극적으로 개입하고 지원했다. 전쟁 선언과 평화조약 체결, 군대의 유지와 요새 건설 등의 기능을 부여받은 네덜란드 동인도회사를 보면 자본과 국가권력의 결합체에 가까웠다. 이러한 형태가 당시에 가장 효율적으로 힘을 집중시킬 수 있는 방식이었다.

스페인 제국 몰락의 원인은 무엇일까?

네덜란드가 이렇게 발전하는 데는 유대인의 역할이 컸다. 대항해시대가 열리기 직전인 14~15세기경에 유대인이 가장 많이 살았던 나라는 스페인이었다. 당시 스페인의 인구 약 700만 명 중에 약 7%에 해당하는 50만 명이 유대인이었다. 특히 유대인들은 주로 금융업과 상업에 종사하면서 도시지역에 거주했기 때문에 유대인 공동체가 있는 도시가 44개나 되었다. 주요 도시는 인구의 약 1/3이 유대인일 정도로 유대인 비중이 높았다.

그런데 유대인과 기독교인 사이에 갈등이 잦았다. 1348년에 스페인의 아라곤 왕국에서 유대인에 대한 폭동이 일어나 대대적인 학살이 있었고, 이러한 일들이 주기적으로 반복되었다. 그러자 가톨릭교도인 이사벨 여왕은 1480년에 톨레도 칙령을 내려 유대인들에게 개종하든지 아니면 해외로 이주할 것을 명령했다. 또 국가

종교재판소를 세웠는데 1480~1530년 사이에 2,000여 건의 처형이 이 종교재판소를 통해 이뤄졌다. 약 3세기 동안 유대인 희생자는 약 34만 명에 달했다.

명분은 종교 문제였지만 속셈은 유대인 재산을 몰수하는 것이었다. 콜럼버스가 신대륙을 발견한 1492년에도 알함브라 칙령을 내리고 또다시 대대적인 유대인들을 추방했다. 이때 17만 명이 한꺼번에 추방되었는데, 1480년에 종교재판을 피해 나간 사람까지 합하면 26만 명에 달한다. 당시 3만 명을 넘는 도시가 별로 없었는데, 이는 엄청나게 큰 숫자였다. 유대인이 한꺼번에 떠나자 스페인은 경제력에 타격을 입었다.

스페인이 급속하게 몰락하고 17세기에 패권을 네덜란드에 빼앗기는 이유는 잦은 전쟁 탓도 있지만, 유대인들을 추방시켜서 경제가 급속하게 위축된 원인이 더 컸다. 향신료 무역을 담당하던 유대인의 유통망은 무너지게 되었다. 이때 스페인과 포르투갈에서 추방된 유대인들이 가장 많이 간 곳이 네덜란드의 브뤼헤와 벨기에의 안트베르펜과 앤트워프였다. 그들은 금과 은을 가져갈 수 없었기 때문에 보석을 많이 가지고 갔는데, 그들이 정착한 곳에 보석 시장이 이루어진 것은 당연했다.

안트베르펜의 경우 유대인의 유입으로 인구가 급증해 이 도시의 인구 절반이 유대인이 되었다. 국제적 항구, 유럽 5대 도시의 하나가 되었다. 1585년에 스페인이 안트베르펜을 탈환하자 유대인들이 암스테르담으로 이주해서 암스테르담 상권을 장악했다. 200년 동안 유럽 최고의 기업이었던, 네덜란드 동인도회사의 17인 주주위원회 중 과반이 유대인이라는 사실을 보면 유대인이 네덜란드 재건에 큰 역할을 했다는 것을 알 수 있다.

인류 최초의 중앙은행, 암스테르담 은행

그뿐만 아니라 유대인들은 네덜란드의 금융업을 발전시켜 자본주의 발전에 영향을 미쳤다. 은행은 11세기에 베네치아에서 처음 시작되었지만, 금융업은 1609년에 탄생한 암스테르담 은행이 최초였다. 당시 유럽에는 주화의 종류가 1,000개가 넘었기 때문에 표준통화가 필요했다. 암스테르담 은행은 처음으로 화폐를 만들어 세계 최초의 기축통화를 만들었다. 그럼으로써 환전으로 인한 거래비용을 없앴다.

주로 유대인들로 설립된 네덜란드 동인도회사는 약 2세기 동안 세계 최대 기업이었으며, 아시아와 유럽 간 교류에서 가장 중요한 주체였다. 반면 네덜란드 동인도회사보다 2년 앞선 1600년에 엘리자베스 1세에게서 특허장을 받은 영국 동인도회사는 세계 최초의 동인도회사라는 명예는 얻었으나, 처음에는 네덜란드 동인도회사에 비해 모든 면에서 열세를 면치 못했다.

이 두 회사는 서로 경쟁하는 동시에, 이미 그들보다 100년 전에 아시아에 진입해 왕실 독점 형태로 아시아 교역을 장악하고 있던 포르투갈 세력을 잠식해 들어갔다. 초기에 더 큰 성공을 거둔 것은 네덜란드 동인도회사였다. 이 회사는 17세기 중엽에 이르면 일본, 대만, 시암, 수마트라, 믈라카, 인도, 아라비아 등 20여 곳에 사무소를 설치하고, 그곳들을 연결하는 해상 네트워크를 구축했다.

이 네트워크를 이용해서 아시아와 유럽 사이 수출입을 수행하는 동시에, 아시아 여러 지역 간 재화와 화폐 및 귀금속을 교환하는 소위 현지 무역을 활발하게 수행했다. 예를 들면 인도의 면직물을 구매하여 동남아시아에 팔고, 그 대금으로 후추를 구입한 다음 중국에 가서 후추를 팔고, 다시 그 자금으로 비단으로 구매하여 일본에 가서 팔고 은을 사는 식으로 연쇄적인 매매를 하는 것이다.

낯선 지역에서 이런 방대하고 정교한 무역체제를 운영하려면 상업 기술뿐만이 아니라 국방력이 필수적이었다. 머나먼 다른 나라에서 경쟁자들을 눌러 이기려면 칼을 움켜쥔 상인이 되어야만 한다. 그래야만 자신의 신변도 보호하고, 유리한 거래를 할 수 있었다.

영국 동인도회사는 초반에 네덜란드 동인도회사에 밀려 고전을 했다. 점차 자신의 영역을 넓혀갔다. 그러다 보니 두 회사의 충돌은 불가피해졌다. 네덜란드 동인도회사의 총독 쿤은 영국 세력이 더 크기 전에 미리 싹을 잘라야 한다고 선제공격했다. 이것이 소위 암본 학살 사건이다. 이 사건은 아시아 내의 양국 간 상업 관계에서 결정적인 전환점이 되었다.

인도네시아에서 입지가 약해진 영국인들은 할 수 없이 인도로 관심을 돌렸다. 당시에는 후추를 비롯한 향신료 시장을 장악하는 것이 최고의 목표였다. 여기서 밀려난다는 것은 심각한 타격으로 받아들여졌으나, 장기적인 관점에서 보면 인도를 더 빨리, 더 집중해서 공략함으로써 영국이 식민 경쟁에서 유리한 고지를 점하게 된다.

영국 동인도회사가 인도 면직물을 유럽으로 수입하자 그야말로 대박을 터뜨렸다. 유럽인들은 면사를 들여와서 아마와 대마 같은 다른 재료와 섞어 혼방 직물을 생산하기는 했지만, 순면 제품은 몰랐다. 그때까지 세계에서 면직물 없이 살았던 곳은 유럽이 유일하였다. 그러다가 뒤늦게 값싸고 품질 좋은 인도의 캘리코 직물이 들어오자, 일대 광풍이 몰아쳤다. 그러자 모직물, 견직물, 특히 리넨 산업이 큰 타격을 입었다. 실업 위기에 몰린 직공들의 저항이 거세게 터져 나왔다. 장기적으로 보면 이런 국내 산업 위기를 타개하기 위해 기계를 도입해 산업혁명이 일어났고, 그 결과로 영국 공산품이 인도 직물업에 심각한 타격을 입혔다.

18세기가 되자 네덜란드는 경쟁에서 밀려나고 프랑스가 후발주자로서 영국과 패권을 다투었다. 이 단계에 이르자 영국과 프랑스의 경쟁은 회사들 간의 경쟁 수준을 훨씬 넘어섰다. 양국은 상업 경쟁이 아니라 치열한 정치 군사 투쟁을 벌였다. 이때까지 무굴제국이 존립하긴 했지만, 그건 허울뿐이고 지방 세력이 무굴제국의 이름을 빌려 통치하고 있었다. 이런 유동적인 상황에서 유럽회사들은 병사들을 모집하여 서로 충돌했고, 군사 지배 다음에는 지방 권력자들을 통제해서 협력하게 했다.

프랑스와의 전투에서 승리를 거둔 영국 동인도회사는 무굴제국을 대신하여 징세 행정권을 행사한다. 일개 외국계 회사가 거대한 영토를 실질적으로 통치하는 기현상이 벌어졌다. 식민 지배를 회사 방식으로 수행하기에는 무리라고 판단한 영국 정부는 19세기에 동인도회사를 해체하고 인도를 식민지로 만들었다. 산업혁명의 결과 생겨난 엄청난 경제력과 군사력을 바탕으로 이제 대영제국이라는 초유의 광대한 지배체제가 탄생했다. 유럽인들은 처음 몇 개의 점들로 시작해서 쐐기처럼 내륙으로 파고들어가 결국 대륙을 통째로 삼켜버렸다.

산업혁명을 일으킨 증기기관으로
금본위제를 도입한 영국

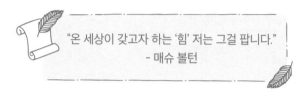

콜럼버스의 대항해로 시작된 식민지 산업은 사실 15세기 말 처음 제안되었을 때만 해도 큰 환영을 받지 못했다. 지금으로 치면 우주항공산업에 가까운 취급을 받았다. 막대한 투자금과 리스크 대비 실질적으로 얻어낼 만한 게 있을 가능성이 낮았기 때문이다. 그렇기 때문에 이탈리아인이었던 콜럼버스는 자국이 아닌 스페인 왕궁으로부터 항해 비용을 지원받아 신대륙 발견에 나섰다.

그나마도 스페인 왕궁 역시 콜럼버스의 계획을 탐탁지 않아 했지만, 놀랍게도 아메리카 대륙 발견으로 이어졌고 스페인은 유럽 최대 부국으로 떠오르게 된다. 콜럼버스가 대서양을 가로지른 신대륙 발견에 성공하자 유럽의 무역항로는 지중해에서 대서양으로 이동하게 된다. 특히 중국의 차, 아메리카 대륙의 담배, 커피, 코코아 뿐만 아니라 동남아시아의 향신료, 사탕수수에 대한 교역량이 폭증하면서 스페인과 대서양 무역에 대한 의존도를 크게 높이는 계기가 되었다.

콜럼버스의 신대륙 발견과 스페인의 등장은 화폐 역사에 중요한 의미를 제공했다. 그 이유는 아메리카와 동남아시아로부터 실어 온, 사실상 탈취해 온 상품 중에는 금과 은도 많았기 때문이다. 그중에서도 가장 중요한 사건이 현재 볼리비아 지역인 포토시 은광의 개발이었다. 콜럼버스의 아메리카대륙 발견 이후 16세기 초반부터 스페인의 막대한 식민지 사업이 전개되었고, 16세기 후반에 발견된 곳이 당시 세계 최대 규모의 은광이었던 포토시였다.

본격적으로 개발된 이후로 한 때 세계 은 생산량의 절반을 차지할 정도였다고 하는데, 이렇게 채굴된 은은 모두 스페인으로 유입되었다. 이를 통해 16세기 후반 스페인이 보유한 금과 은은 전 세계의 83%를 차지할 정도였다고 한다. 하지만 스페인은 막대한 금과 은을 직접 보유하지는 못했다. 지금까지 수많은 전쟁과 식민지 개발에 너무 많은 빚을 졌기 때문이다.

막스베버의 추정에 따르면 당시 스페인은 국가 수입의 70%를 전쟁 비용에 썼다고 한다. 결국 합스부르크 가문은 이렇게 유입된 금과 은을 대다수 채권자와 은행가들에게 빚을 갚기 위해 지불한다. 이로 인해 의미 있는 현상이 발생한다. 첫 번째는 가격혁명이다. 스페인으로 유입된 은이 곧바로 다른 유럽 국가들에게도 살포되다시피 퍼지면서 전 세계 화폐의 가치가 하락하면서 인플레이션이 발생하게 된다. 16세기 후반 유럽의 물가는 두 배, 심하게는 세 배까지 폭등했다고 한다.

두 번째는 우리에게 의미 있는 현상으로 해석할 수 있는데, 이 인플레이션을 통해 유럽 내에서 화폐가치에 대한 신뢰가 지속적으로 의문시되었다. 결국 신뢰할 만한 실물 내지는 경제력을 보유한 국가, 그들의 화폐는 무엇이 될 것이냐는 의문이 근본적으로 발생하게 되었다. 이 상황에서 스페인의 유럽 내 신뢰도는 바닥으로 떨어졌다. 아이러니하게도 식민지 산업을 통해 부흥하게 된 그들의 경제력은 반대로 취약해질 수밖에 없었기 때문이다.

식민지 산업이라는 해외 약탈에 치중한 나머지 국내 기간산업은 사실상 황폐해졌다. 너도나도 본토를 떠나 해외 항로 개척에만 매달렸으니 당연한 결과물이기도 하다. 그렇다면 그다음 유럽의 패권을 거머쥔 국가는 어디였을까? 이때 등장한 국가가 그 당시

만 하더라도 유럽 내 변두리 빈곤 국가였던 영국이다.

스페인 무적함대를 격파한 영국 해군

영국은 유럽의 중심 주변에도 못 있다가 엘리자베스 1세 여왕에 의해, 그들이 스페인의 무적함대를 해적 프랜시스 드레이크를 필두로 하여 무찌르면서 해상강국 지위로 올라섰다. 엘리자베스 여왕이 대영제국 번영의 기초를 닦았다. 이 시대의 영국은 앞뒤 안 가리고 약탈행위를 했다. 그 약탈이란 간단히 말하자면 해적과 노예무역이었다. 당시 영국은 가장 세금이 낮았던 시대라고 하는데, 재원을 충족시키는 방법으로 해적이 동원된 것이다.

결국 대영제국은 해적행위와 노예무역으로 인하여 경제발전의 초석을 다진 셈이다. 기록에 의하면 영국이 국가 차원에서 해적행위를 시작한 것은 엘리자베스 여왕 때부터였다. 엘리자베스 여왕 이전의 영국은 모직물을 독일 등으로 수출하는 무역국이었다. 하지만 콜럼버스가 아메리카 항로를 개척하여 스페인이 아메리카 대륙에서 포토시 은산을 발견한 후, 유럽 경제의 흐름은 크게 변했다. 은 수출을 주력으로 하던 독일이 쇠퇴한 것이 그 예이다.

당시의 무역은 유럽 국가들에게 오늘날 이상으로 중요한 것이었다. 관세나 무역의 독점권은 국가 세수입의 중심이었다. 무역수지가 나빠지면 국가는 직접적인 타격을 입었다. 따라서 엘리자베스 여왕은 고육책으로 해적행위에 손을 뻗게 되었다. 다만 그녀는 직접 해적단을 만든 것은 아니고 원래 있던 해적들을 회유하여 이용할 뿐이었다.

엘리자베스 여왕 시대 가장 크게 활약한 해적은 프랜시스 드레이크였다. 그는 마젤란에 이어 세계 일주를 하고, 스페인 무적함대를 무찌른 것으로 알려진 영국의 해군 제독이었다. 원래는 해적이었지만, 엘리자베스 여왕의 총애를 받아 국가 차원의 해적행위를 하며 훗날 해군제독까지 되었다.

영국에서만 해적행위에 손을 댄 것은 아니었다. 당시의 국제 해운은 공공연히 해적행위가 이루어졌다. 어느 국가이든지 정도의 차이가 있을지언정 그와 같은 일을 하고 있었다. 16세기 중반에 영국해협에는 약 400척의 해적선이 오갔다. 그 해적선에는 영국인뿐 아니라 프랑스인도 타고 있었다. 스페인도 유대인의 상선을 빼앗아 빈번하게 약탈하고 있었다.

영국의 경우 이를 국가 프로젝트로 했다는 차이가 있다. 이러한 배들을 '사략선'이라 불렀다. 사략선이란 국가에서 적대국의 배를 나포하는 행위를 인정받은 해적선을 의미한다. 영국에서는 해적선을 사략선으로 취급해 주는 대신에, 약탈한 물품의 20%를 국고로 헌납해야 했다. 그야말로 해적은 당시 영국의 국가 프로젝트였던 셈이다.

중요한 것은 스페인으로부터 빼앗아 온 무역을 통해 막대한 부를 축적해 나가기 시작했다는 것이다. 엘리자베스 여왕, 프랜시스 드레이크, 해상강국으로서 유럽의 무역을 장악하며 새롭게 강국 대열에 떠오르게 된 영국. 그들에게 무역이라는 요소보다 더욱 그들의 부를 막강하게 축적하게 된 강력한 무기가 하나 더 있었다. 그것은 바로 1차 산업혁명과 이것을 가능케 한 획기적인 증기기관의 등장이었다. 이 증기기관의 발전이 광업의 발전에도 지대한 영향을 미치게 되었다는 것이 화폐 역사에 중요한 역할을 차지하게 된다. 증기기관으로 광물 생산량이 늘어나게 되었다. 결국 금과 은의 보유량이 증대되기 시작했다. 이를 통해 영국은 유럽 내 최대 금·은 보유국이 되었다. 18세기 전후로 발발했던 영국과 프랑스의 전쟁, 즉 나폴레옹 전쟁이 벌어지게 되는데, 여기서 증기기관의 힘을 확인할 수 있었다. 프랑스혁명 이후로 1793년부터 1815년까지 나폴레옹 중심의 프랑스 대 반(反)프랑스연합이 펼친 전쟁으로 요약할 수 있다. 나폴레옹 전쟁은 결국 그 유명한 워털루 전투 이후 영국 중심의 연합국 승리로 마무리되었다.

여느 전쟁과 마찬가지로 양측에 막대한 경제적 손실을 입혔고 동시에 정부의 재정 부족 문제가 발생하였다. 실제로 승전국인 영국에서마저도 전쟁 비용과 위험으로 인한 금 보유고 부족 문제가 발생하여, 1797년부터 1821년까지 금 태환을 중지시키기도 했다. 즉, 당시 화폐 발행의 기본이 되는 금이 부족했기 때문에 발생한 것이다. 그렇지만 18세기 중반 이후 증기기관의 보급으로 인해 광산에서 금 생산량이 급증하여 금본위제를 다시 안정적으로 유지할 수 있게 되었다.

결국 1차 산업혁명의 증기기관은 영국 국부의 증대를 불러왔을 뿐만 아니라, 채굴 기술의 발전을 통해 금본위 체제하에서 큰 문제가 될 수 있는 금 부족 문제까지 충실히 잘 해결했다. 단순히 영국이 무역 발전과 1차 산업혁명을 통해 막대한 부를 축적하고, 금과 은을 확보했다는 사실 만으로는 화폐 역사에 그렇게 큰 의미가 되지 않을 수도 있었다.

영국은 이 시대에 누구도 해내지 못했던 획기적 발상을 현실화하는 데 성공한다. 그 중심에는 만유인력의 법칙으로 유명한 아이작 뉴턴이 있었다. 그가 화폐 역사에 있어 의미 있는 한 획을 긋게 된다. 그가 제시한 아이디어는 바로 금본위제였다. 뉴턴은 희대의 천재성을 뽐낸 인물이다. 그는 1696년부터 영국 조폐국에 감사의 신분으로 근무하게 된다. 이후 국장까지 승진하게 된 그는, 1717년 금을 기준으로 한 새로운 통화를 제시한다. 그것이 바로 금본위제이다. 1717년 뉴턴이 영국 재무부에 건의한 세 가지는 다음과 같다.

① 영국에서는 은이 계속 유출되는 상황이다.

② 반대로 금은 신대륙으로부터 계속 값싸게 유입되고 있다.

③ 현재 부족한 주화를 지폐로 대체하려면 지폐의 신용도를 높여야 한다.

어떻게 보면 화폐에 신용이라는 중요한 부분에 대해서 본질적으로 꿰뚫고 있었음을 알 수 있다. 방법론적으로도 금에 대한 당시의 신뢰, 신용을 바탕으로 하여 지폐를 발행하자는 의견을 명확히 제시했다고 볼 수 있다.

뉴턴은 이 이론을 바탕으로 1717년 기존의 다양한 금화를 21실링 가치의 기니 금화(gold guinea)로 통일해 주조했다. 이후 1세기 가까이 기축 금화로서 유통이 되었고, 1817년에 정확하게 1파운드의 가치를 지닌 소버린 금화(gold sovereign)가 등장하면서 영국의 금본위제도는 본격적으로 시작된다. 이를 기반으로 이후 100년간 영국의 파운드는 세계 기축통화의 자리에 오르게 됐다.

1차 산업혁명 당시의 화폐역사를 보면 17~18세기 영국 이전에도 이탈리아와 스페인 같은 유럽의 부국들은 존재했었다. 이들과 달리 영국은 아이작 뉴턴을 필두로 금과 신용이라는 가치를 통해 금본위제 기반의 기축통화를 설립했다. 1817년 소버린 금화의 등장은 실질적인 금본위제의 시작 지점이었다. 이때 중요한 요인으로 작용한 것은 영국이 1차 산업혁명의 종주국인 동시에 세계무역의 중심으로 활동하면서 신용을 구축했다는 사실이다.

그들이 막강한 부를 바탕으로 축적한 금은 그 신용의 결정체가 된다. 결국 전 세계의 다양한 국가들은 국가 간 거래에서 막대한 금 보유고를 바탕으로 한 화폐 발행 시스템을 갖춘 영국의 파운드를 가장 선호하게 되었다. 이점이 영국 파운드가 전 세계의 기축통화로 떠오르게 하는 결정적인 역할을 하게 되었다.

세계대전으로 인해
기회를 잡은 달러

"나무를 베는 데 6시간이 주어진다면 나는 도끼
를 가는데 4시간을 쓸 것이다." - 아브라함 링컨

영국의 식민지였던 북아메리카 13개 주가 영국과 독립전쟁을 한
이유는 돈 때문이었다. 1756년부터 영국은 프랑스, 러시아 등과
7년 전쟁을 치르며 재정 상태가 매우 악화되었다. 이러한 대립은
같은 시기에 북아메리카에서도 벌어지고 있었다. 프렌치-인디언
전쟁은 영국군과 프랑스군이 북아메리카에서 치른 전쟁이다. 두
나라 모두 인디언 부족과 동맹을 맺은 탓에 인디언까지 끌어들인
싸움이 되었다.

영국으로서는 북아메리카 식민지를 지키기 위한 전쟁이었기
때문에, 비용을 북아메리카 식민지에 부담시킬 속셈이었다. 당시

의 북아메리카 식민지에는 관세 이외에는 세금을 매기지 않았다. 또한 관세도 밀수 등으로 탈세되는 경우가 많았다. 따라서 영국은 인지법(1765년)을 만드는 등 북아메리카 식민지에 대한 관세를 부과했다. 인지법은 신문, 팸플릿 등 모든 인쇄물에 인지를 붙이는 것을 의무화한 법률이다. 그렇지만 북아메리카 식민지의 주민은 대부분 인지법을 지키지 않았다.

북아메리카 식민지의 주민들은 '대표 없으면 과세 없다'는 입장을 고수했다. 북아메리카 식민지에서 영국 의회에 대표를 보내지 못하는 상황이었기 때문에 '대표권도 가지지 않으면서 과세만을 부과하는 것은 이상하다'는 논리였다. 다만 영국의 입장은 식민지의 안전을 유지하기 위한 주둔군의 경비 정도는 그들이 부담했으면 하는 생각이 있었다.

당시 북아메리카 식민지에서는 차 밀수가 크게 성행하고 있었다. 북아메리카 식민지는 많은 분량의 차를 수입하고 있으나 영국 당국에는 관세가 납부되지 않는 상태였다. 이에 영국은 국책회사인 동인도회사에 북아메리카 식민지에 대해 무관세로 차를 판매할 수 있는 특권을 부여했다. 무관세가 이루어지면 밀수품보다도 값이 낮아지기 때문에 동인도회사는 더욱 이윤이 남는다. 동인도회사의 경영을 도와주고 동시에 북아메리카 식민지 밀수업자의 이익을 봉쇄하려는 계산이었다.

결국 영국 본국의 정책에 분노한 밀수업자들이 보스턴에서 차를 싣던 동인도회사의 선박에 몰래 들어가 차를 바다에 던지는 사건이 벌어졌다. 이른바 '보스턴 차 사건(Boston Tea Party)'이었다. 이를 계기로 북아메리카 식민지에 독립의 기운이 무르익었고 결국 독립전쟁으로 발전하였다. 이러한 일련의 사건 때문에 북아메리카에서는 차 대신 커피를 마시게 되었다. 그래서 미국에서는 영국풍의 홍차를 마시는 습관 대신 커피 문화가 발달했다.

영국에 이어 세계 경제의 패권을 잡은 국가는 미국이다. 미국의 강점은 드넓은 국토와 풍부한 자원에 있다. 미국은 세계에서 세 번째로 넓은 국토를 가지고 있다. 그냥 넓기만 한 것이 아니라 농업에 적합하다. 게다가 금맥과 유전, 광산 등 갖가지 자원의 보고이다. 미국의 국토가 처음부터 컸던 것은 아니다. 미국이 영국으로부터 독립을 선언하고 국가를 수립했을 당시의 국토는 13개 식민지를 합한 것에 불과했다. 면적으로 따지면 오늘날의 1/4 정도였다.

당시 북미대륙은 영국 외에도 프랑스, 스페인 등과 같은 열강이 식민지로 보유하고 있어서 마치 벌레가 파먹은 것 같은 모양

새였다. 19세기가 되자 식민지 경영이나 세력이 약해진 지역이 잔뜩 생겨났다. 미국은 이런 지역을 닥치는 대로 사들였다. 미국이 독립한 지 20년이 지난 1803년에 프랑스로부터 루이지나를 사들였다. 1819년에는 플로리다를 스페인으로부터 사들였다. 원주민들에게서도 오하이오, 인디애나, 일리노이 등을 사들였다.

물론 토지 거래에 익숙하지 않았던 원주민과 대등한 상거래가 이루어졌을 리가 없고, 미국 정부가 감언이설로 토지를 빼앗았다. 인디언의 토지를 1에이커(약 1,200평)에 1센트라는 파격적인 싼 가격에 인수했다. 1845년에는 멕시코와 전쟁을 벌여서 승리했다. 멕시코령이었던 텍사스주를 합병했다. 이 합병에도 역시 의혹은 있었다. 텍사스주는 원래 멕시코의 영토였다. 1821년에 스페인으로부터 독립한 멕시코는 텍사스 지방을 개발하기 위해서 국적을 따지지 않고, 거주를 권유했다.

이에 토지를 소유하지 않은 많은 미국인이 몰려들었다. 텍사스로 거주지를 옮길 때는 천주교로 개종해야 하는 등의 조건이 있었지만, 미국인들은 아랑곳하지 않고 멕시코로 물밀듯 몰려왔다. 당시 멕시코의 국교는 천주교였고, 멕시코에 거주하는 조건으로 천주교로 개종해야 했다. 그러나 개신교였던 미국인들은 이를 무시하고 멕시코로 향했다.

1836년에는 텍사스가 멕시코에 대한 독립을 선언했다. 멕시코에서는 호의로 미국인의 거주를 허락했는데 은혜를 원수로 갚은 꼴이 된 셈이다. 이에 멕시코는 진압부대를 파견했다. 그렇지만 텍사스의 초대 대통령 샘 휴스턴이 이끄는 텍사스 군대가 반격을 하였다. 그렇게 사실상 독립을 이룬 텍사스는 미합중국에 합병되면 좋겠다는 희망을 드러냈다.

미국의 입장에서는 텍사스를 취하고 싶은 마음이 컸지만, 만약 텍사스를 합병하게 되면 멕시코와 전쟁이 일어날 수도 있었다. 미국은 그런 사태를 될 수 있는 한 피하고 싶었기 때문에 당분간 의사 결정을 뒤로 미뤘다. 그렇지만 텍사스를 합병해야 한다는 여론은 점점 뜨거워졌다. 결국 미국 정부는 1845년 멕시코에 특사를 파견해서 약간의 보상금을 내는 조건으로 텍사스령을 합병하겠다고 제안했다.

하지만 멕시코는 이를 거절하였다. 결국 두 나라는 전쟁에 돌입하게 되었고, 미국은 멕시코 영토 안까지 진격해서 1년도 걸리지 않아 멕시코시티를 함락시켰다. 이 승리로 캘리포니아와 뉴멕시코까지 손에 넣었다. 이렇게 해서 영토는 독립 당시의 네 배로 늘었다.

1849년에 미국이 캘리포니아를 손에 넣자마자 캘리포니아에서 금맥이 발견되어 골드러시가 시작되었다. 이때 캘리포니아를 방문했던 사람들을 '49년 그룹(Forty-niners)'이라고 불렀는데, 지금은 미식 축구팀의 이름이 되었다. 어쨌거나 참 운이 좋은 나라이다.

알래스카는 미국의 49번째 주이다. 면적은 미국 국토의 15%를 차지하는 미합중국 최대의 주이기도 하다. 알래스카는 미국 본토에서 멀리 떨어진 영토이다. 어떻게 이렇게 큰 토지가 본토에서 떨어진 영토로 한 나라에 영입되었을까? 이는 19세기 러시아와 연관이 있다. 제정 러시아는 알래스카를 처음으로 점유하였다. 1799년 유럽제국 중 가장 먼저 알래스카에 진출한 러시아가 영유를 선언했다.

그러나 러시아는 알래스카를 식민지처럼 지배하지 않았다. 이누이트족에게 물개나 해마의 모피를 구매하는 것이 전부였다. 그러나 무절제한 포획 때문에 모피를 공급할 수 없게 되자 알래스카를 팔아버리자고 생각하게 되었다. 그리고 1867년 1㎡당 5달러, 총 720만 달러에 알래스카를 팔았다. 720만 달러는 당시 미국 전체 세수입의 1% 정도에 불과했다. 1867년 당시의 720만 달러는 현재 화폐가치로 9,000만 달러 정도라고 한다.

이 값이 비싼지 아닌지는 당시에도 논란이 되던 문제였다. 당시의 알래스카는 이미 모피가 고갈되어 갔고, 몹시 추운 지대라 농업도 할 수 없었다. 그래서 당시에는 쓸데없는 거래라고 보는 경향이 많았다. 알래스카 인수를 당시의 국무장관인 윌리엄 헨리 수어드가 진행했기 때문에 '수어드의 바보짓'이라고 불리기도 했다.

그러나 미국이 알래스카를 인수하고 얼마 후 금맥이 발견되었다. 골드러시가 일어났고, 3만 명의 미국인이 알래스카로 이주하게 되었다. 또한 1950년대에는 유전이 발견되는 등 현재 알래스카는 미국에는 없어서는 안 될 천연자원의 보고다.

서구 국가들의 경우는 과학기술은 발달되어 있으나 그것을 활용하기 위한 자원이 그다지 풍부하지 않았다. 대항해시대 이후 전 세계에 진출한 동기가 자국에는 충분하지 않은 자원을 확보하기 위함이었다. 자국에는 자원이 없으니 아메리카 대륙, 아프리카 대륙 등을 목표로 삼았다. 그러나 미국은 자원이 풍부했다. 미국은 서양의 과학기술과 대륙의 풍요로움을 동시에 갖고 있어, 강대국이 되기 위한 조건은 모두 갖춘 셈이었다.

미국이 자원 대국이라 한들, 단박에 경제 대국으로 올라설 수 있었던 것은 아니다. 미국이 경제 대국으로 올라설 수 있었던 계기는 제1차 세계대전이었다. 제1차 세계대전이 발발하기 전에도 미국은 나름대로 열강에 속하는 국가였다. 1894년에는 영국을 제치고 세계 1위의 공업 생산국 자리를 차지한 적도 있다. 하지만 여전히 유럽 국가들로부터는 신흥 국가 취급을 받았다.

제1차 세계대전으로 패권국가로 부상한 미국

그도 그럴 것이, 미국이 영국으로부터 독립한 것은 18세기 후반의 일이다. 제1차 세계대전을 기준으로 놓고 봤을 때 건국한 지 130년 정도밖에 지나지 않았다. 유럽 국가들 입장에서는 미국은 신생 국가였다. 게다가 미국의 독립도 프랑스의 힘을 빌려 겨우 일군 것이었다. 사실 미국은 영국의 식민지였지만 프랑스가 영국을 견제하기 위해서 미국의 독립을 지원한 것이었다. 아직 개발되지 못한 땅이 가득한 나라이며, 이제 겨우 국가 건설이 시작된 나라라는 것이 미국에 대한 이미지였다.

실제로 미국은 유럽 국가들의 투자를 끌어모아 나라를 개발했다. 지금의 아시아, 아프리카 등과 같은 신흥 국가들이 취한 것과 같은 방법이었다. 제1차 세계대전이 발발하기 전에 미국은 다른 국가들, 그중에서도 주로 영국에 30억 달러나 되는 채무를 지고 있었다. 제1차 세계대전 이후로 이 구도는 바뀌게 되었다. 전쟁으로 인한 생산력이 떨어진 유럽 국가들은 미국에 대량으로 군수 물자를 발주했다.

전쟁터에서 멀리 떨어져 있었던 미국은 아무런 피해도 입지 않았다. 막대한 전쟁 특수를 누리게 된 것이다. 미국의 유럽 국가들에 대한 채무는 순식간에 소멸되었다. 도리어 거액의 채권을 확보하게 되었다. 이로써 미국은 세계 1위의 채무국에서 세계 1위의 채권국으로 바뀌게 되었다. 유럽 국가들은 좋든 싫든 미국이라는 존재를 인정할 수밖에 없게 되었다.

또 다른 변수는 석유였다. 제1차 세계대전을 전후로 전 세계에서는 에너지 혁명이 일어나 주 에너지원이 석탄에서 석유로 바뀌게 된다. 당시 전투에서 전투기와 전차, 잠수함 같은 신무기가 투입되었는데, 이 무기들은 석탄이 아닌 석유를 동력원으로 삼았다. 요즘 같으면 석유라는 말을 들으면 당연히 중동이 생각나겠지만, 중동의 대규모 유전은 제2차 세계대전 전후에 발견되었다. 제1차 세계대전 당시에는 미국이 세계 1위의 산유국이었다.

세계 최초의 대규모 유전은 1859년 미국 펜실베이니아에서 발견되었다. 그 후 미국은 각지에서 대규모 유전을 발견하고 개발해서 연합국의 석유 대부분은 미국이 공급했다. 연합국이 승리할 수 있었던 데는 미국의 석유 덕분이었다는 이야기가 있을 정도다. 미국은 제2차 세계대전 전후에도 전 세계 석유 수출의 60% 정도를 점하고 있었다. 동남아시아, 소련 등지에서도 석유 채굴이 이루어지기는 했으나 미국의 생산량을 따라잡기에는 역부족이었다.

제1차 세계대전을 거치면서 강력한 경제력을 갖게 되었지만, 이 시점에서는 미국이 세계 경제의 패권을 거머쥐었다고 말하기에는 이르다. 그 세력이 기울었다고는 하나 영국은 전 세계에 식민지를 보유하고 있었으며, 파운드는 여전히 세계의 기축통화 역할을 하고 있었다. 아직까지도 영국이 세계 경제에 은근한 영향력을 행사하고 있었다. 게다가 이 당시 미국은 세계 경제의 패권을 쥐고자 하는 야심을 가지고 있지 않았다.

그보다는 어떻게 하면 미국이 풍요롭게 할 수 있는가, 금을 많이 모으려면 어떻게 해야 하는가에만 전념했다. 제1차 세계대전을 통해 미국은 대량의 금이 유입되었지만, 축적된 금을 적극적으로 투자하는 일은 조금도 고려하지 않았다. 오히려 자국에 인플레이션이 일어날 것을 경계하여 금 비축 정책을 실시했다. 당시 대부분의 유럽 국가들과 미국은 금본위제를 채택하고 있었다. 금본위제는 자국의 통화가 금과 연동되어 있으므로 자국에 금이 유입되면 그만큼 통화를 발행한다.

그러나 미국은 금이 흘러 들어오고 있음에도 인플레이션이 발생할 것을 우려하여 통화량을 증가시키지 않았다. 1922년 8월 이후부터 유입된 금을 미국의 중앙은행인 연방준비은행의 금 준비에 포함되지 않도록 한 것이다. 이로 인해 대량의 금이 미국으로 유입되고 있었음에도 미국의 국제경쟁력은 떨어지지 않았으며, 무역 흑자는 더욱 증가했고, 금도 점점 더 흘러 들어왔다. 그 결과 1923년 말에는 전 세계 금의 40%를 미국이 보유했다.

미국에만 금이 쌓이고 무역 흑자가 이어지는 세계 경제란 건전하지 못한 것이다. 유럽 국가들의 경제가 회복되지 않으면 머지않아 미국이 수출할 곳도 없어지며, 미국 경제도 후퇴하고 말 것이다. 시장의 이 같은 우려는 예상보다 빨리 드러났다. 1929년 말, 뉴욕 주식시장은 갑자기 대폭락했다. 그 여파는 전 세계로 퍼져나갔다. 이른바 대공황이었다.

한편 미국은 제1차 세계대전 당시 영국과 프랑스에 대량의 무기를 팔아넘겼다. 그런데 같은 연합국이었지만 무기 대금을 한 푼도 깎아주지 않았다. 영국과 프랑스는 미국에 지불할 대금 마련을 위해 독일에 엄청난 액수의 전쟁 배상금을 매겼다. 이 거액의 배상금 때문에 독일은 물가가 급속도로 상승해 하이퍼인플레이션이 발생했다. 독일 내 경제사회가 파탄 직전까지 내몰렸다. 이런 상황에서 독일 국민의 불만을 보듬고 헤아린다는 명목으로 비집고 들어온 것이 히틀러 정권이다.

　미국이 진정한 의미에서 세계 경제의 중심으로 도약한 때는 제2차 세계대전이 끝난 후다. 제2차 세계대전 때도 미국 본토는 전쟁의 피해를 입지 않았다. 제1차 세계대전 때와 같이 연합국 쪽에 대량의 군수 물자를 팔아치워 전 세계 금의 70%를 보유하기에 이른다. 한편 대공황으로부터 제2차 세계대전에 이르는 세계 경제의 혼란은 미국 입장에서도 쓰라린 교훈이 되었다.

　대공황 후 영국과 프랑스가 블록경제를 시행했기 때문에 세계 시장의 태반이 닫혀버려 미국의 농산물과 공업 제품은 수출이 되지 않았다. 이는 미국 경제를 위협했다. 그리하여 미국은 전쟁이 끝난 후 세계 경제의 패권을 장악하고, 미국을 중심으로 한 자유무역권을 전 세계로 확장하기 위한 움직임을 시작했다. 이 시점부터 미국은 세계 경제의 리더가 된다.

브레턴우즈 체제 고정환율제

　제2차 세계대전 막바지였던 1944년, 미국의 브레턴우즈에서 전후 국제경제의 새로운 틀이 형성되는 회의가 개최되었다. 이것이 그 유명한 브레턴우즈협정으로 미국이 세계 경제의 중심으로 자리 잡은 것이다. 미국은 이 협정에서 달러를 금과 태환시키고 세계의 기축통화로 삼을 것을 주장했다. 제2차 세계대전이 발발하기 전, 서구 국가들은 계속되는 금 유출 때문에 금 태환을 정지시켰다.

이로 인해 금본위제의 규칙이 붕괴되었고, 세계무역은 대혼란에 빠졌다. 미국은 이 문제를 해소하기 위해 전 세계 국가들을 상대로 "달러와 금의 태환을 보증할 테니 향후 달러를 기축통화로 사용해 달라"고 주장했다. 미국은 대량의 금을 보유하고 있으니 달러와 금 태환 요청에 응할 수 있다는 것이었다. 달러를 세계무역의 기축통화로 삼게 되면 전 세계 국가들은 무역을 할 때 달러를 조달해야 하며, 필연적으로 미국은 세계의 은행이라는 지위를 갖게 되는 것이다.

그때까지 세계의 기축통화는 영국의 파운드였던 만큼 영국은 미국의 주장을 그리 쉽게 받아들일 만한 입장이 아니었다. 당시 미국과 영국의 경제력 차이는 컸고, 전쟁 후의 부흥은 미국의 지원에 의존해야 하는 상황이었다. 결국 미국의 주장이 관철되었다. 이 시점에서 세계 경제 패권은 영국에서 미국으로 넘어가게 되었다.

제2차 세계대전이 끝난 1945년, 영국은 미국에 38억 달러의 융자를 요청했다. 전쟁으로 인해 식량과 원자재 등이 절대적으로 부족했기 때문이다. 미국은 그 대가로 영국의 블록경제 해체를 요구했다. 같은 해 프랑스도 미국에 10억 달러의 지원을 요청했고, 미국은 마찬가지로 프랑스의 블록경제 해체를 요구했다. 농업 및 공업 생산 면에서 전 세계를 압도했던 미국은 자유로운 시장이 절실했다.

당시 영국과 프랑스는 보유한 식민지까지 고려하면 시장의 크기로는 여전히 세계 1위, 2위였다. 영국과 프랑스가 식민지들을 자유 시장으로 개방해주지 않으면 미국의 농산품과 공업 제품은 갈 곳이 없다. 그래서 미국은 영국과 프랑스에 시장 개방을 요구했다. 영국과 프랑스는 미국의 수출품이 지닌 경쟁력에 위협을 느끼고 자국의 산업을 지키기 위해 시장을 개방하는 일은 되도록하고 싶지 않았다. 그러나 전쟁의 상흔을 딛고 재기하기 위해서는 어쩔 수 없이 미국의 요구를 받아들일 수밖에 없었다.

미국은 제2차 세계대전이 끝나자마자 서방 국가들에 막대한 경제 원조를 실시했다. 이 대외원조계획의 이름은 '마셜플랜'이었다. 정책의 발안자가 미국 국무장관 조지 마셜이었다. 마셜플랜을 통해 미국은 서방 국가에 1948년부터 1951년까지 102억

6,000만 달러를 원조했다. 게다가 그중 90억 달러는 변제할 필요가 없는 증여였다. 90억 달러가 어느 정도 규모였는가 하면 당시 미국 연간 예산의 약 20%에 상당하는 액수다. 미국의 입장에서도 거액의 돈을 무상으로 원조한 것이다.

마셜플랜을 통해 원조한 돈은 사용처가 지정되어 있었는데, 대체로 미국의 농산물이나 공업 제품을 구입하는 것이었다. 그런데 왜 이런 마셜플랜을 시행했을까? 물론 마셜플랜은 순수한 인도주의적 결정이 아니었다. 여기에는 미국 나름대로 계산이 있었다. 제2차 세계대전이 종결되었을 때 미국의 수출은 160억 달러에 조금 못 미치는 수준에까지 이르렀다. 하지만 미국의 수입은 그 절반에 지나지 않았다. 다시 말해 160억 달러의 절반이 무역흑자였다.

이 같은 무역 흑자를 발생시켜 준 상대의 대부분은 서방 국가들이었다. 서방 국가들은 미국과 무역을 할 때 달러나 금으로 대가를 지불해야만 했다. 하지만 전쟁이 끝난 뒤 더 이상 달러도 금도 거의 남아 있지 않았다. 미국으로부터 더 이상 물품을 수입할 수 없는 상태에 놓여 있었다. 만약 서방 국가들이 수입을 멈춘다면 미국 경제도 커다란 타격을 입을 것이 분명하다.

160억 달러어치의 수출이 불가능해진다면 대량의 실업자가 발생할 것이다. 미국 입장에서는 반드시 피해야 하는 상황이었다. 서방 국가들을 지원하여 미국의 수출을 지탱할 정도로 부흥시키겠다는 것이 마셜플랜의 숨은 진짜 의도였다.

일본 엔화의 도전과 잃어버린 30년 장기불황

"돈을 버는 것은 바늘로 땅을 파는 것과 같지만
돈을 쓰는 것은 모래에 스며드는 물과 같다."
- 일본속담

무너져가던 일본 경제를 기사회생시킨 한국전쟁

제2차 세계대전이 끝난 1945년 이후 미국의 동아시아 핵심 전략은 일본으로 하여금 미국의 동아시아 대리인 구실을 하게 만들자는 것이었다. 1950년에 터진 한국전쟁 덕분에 일본은 산업 경쟁력이 극적으로 크게 강화되었다. 미국은 일본이 한국전쟁에 필요한 보급품과 군수품을 생산해 조달하도록 했다. 이로 인해 일본 경제는 전쟁특수 호황을 맞았다. 게다가 미·일 상호방위조약에 의해 미국은 일본의 군수산업에 엄청난 투자를 했다.

이를 계기로 일본은 제조업 강국으로 탈바꿈하게 된다. 일본은 1955년부터 1973년까지 연평균 GDP 성장률이 9.3%에 달해 미국과 유럽의 성장률을 압도하고 세계 최고의 성장률을 보였다. 1960년 초까지만 해도 일본이 세계 제2의 경제 대국이 될 줄은 아무도 몰랐다. 심지어 미국조차 몰랐다. 일본은 카메라, 오디오, TV 등을 앞세워 놀라운 속도로 세계시장을 장악하기 시작했다. 드디어 일본은 1968년 서독을 제치고 세계 경제 대국 2위 자리에 등극한다.

1970년대 오일쇼크가 터지자, 일본 경제는 오히려 호황을 맞았다. 일본 자동차가 다른 나라 자동차보다 연비가 뛰어난 것이 알려지게 되어, 일본은 자동차 산업을 중심으로 수출이 가파르게 성장했다. 1980년대 일본은 세계 최강 반도체 강국이 된다. 일본이 메모리반도체 분야에서 세계 최대 생산국이 되면서 미국의 반도체 산업은 비상이 걸렸다. 인텔을 앞세운 미국 반도체 업체들은 일본의 반도체 업체들이 정부 보조금으로 성장해 미국 시장에 덤핑을 치는 불공정 경쟁을 하고 있다고 미국 정부에 호소하며, 일본 반도체 산업 정책의 불공정성을 조사해달라고 요구했다.

미국 반도체 기업 마이크론은 NEC, 히타치, 미쓰비시, 도시바 등 7개 일본 기업을 덤핑혐의로 미국 무역대표부에 제소했는데 이후 인텔, AMD, 내셔널시미컨덕터 등 미국 반도체 기업들의 일본 기업들을 대상으로 한 덤핑 관련 제소가 이어졌다. 이 와중에 인텔은 일본과의 경쟁력에서 밀리는 D램을 포기하고 비메모리 쪽으로 방향을 바꾸게 된다. 그러자 미국 정부는 자국 반도체 기업들을 보호하기 위해 일본을 본격적으로 압박하기 시작했다.

1980년대 중반 들어 미국의 경제패권 자체가 일본에 위협받기 시작했다. 당시 일본의 자동차와 전자제품을 비롯한 일본 상품 전체가 세계적으로 선풍적인 인기를 끌었다. 미국 상품은 자연스레 시장에서 사라지기 시작했다. 일본 상품의 세계시장 점유율이 파죽지세로 커지면서 10%를 넘어섰다. 일본의 무역흑자 역시 엄청나게 늘어났다. 제조업 강국 일본은 철강, 자동차뿐 아니라 당시 첨단산업인 반도체에 이르기까지 미국보다 훨씬 나은 경쟁력을 보였다.

1985년 미국 1인당 국민소득이 1만 5,000달러 정도였는데, 일본은 1만 8,000달러를 넘어서 1인당 국민소득이 미국을 앞질렀다. 일본의 국민소득이 올라가자, 일본 정부는 저축을 장려했고, 이것은 높은 투자 증가율로 이어졌다. 상품 수출 못지않게 일본 자본 수출이 활발해졌다. 일본 은행들은 자산규모와 시장가치 면에서 세계 정상을 휩쓸었다. 1980년대 중후반 세계 10대 기업을 살펴보면, 일본 통신사 NTT가 1위를 차지했고, 이어 일본 은행

5개, 일본 증권회사 1개, 도쿄전력이 포함돼 있었다.

10위 안에 무려 8개가 일본 기업이었다. 반면 미국은 IBM(2위)과 엑손(4위) 등 단 2개의 기업만 있을 뿐이었다. 이를 세계 50대 기업으로 확대해도 2/3가 일본 기업들이었다. 미국이 긴장하지 않을 수 없는 상황이었다. 미국의 대일본 무역적자가 극심해지고 일본과 서독의 경제력이 강해지자 미국의 무역적자가 급격히 늘어났다. 1985년 미국 무역적자는 GDP의 3%에 육박하는 1,336억 달러에 달했는데, 이 가운데 일본과 서독으로부터의 무역적자가 각각 37.2%와 9.1%였다.

미국은 무역적자가 심해지자, 일본을 공격하기 시작했다. 미국은 특허법을 전면에 내세워 일본 기업들의 미국 기업의 특허를 도용해 세계시장을 제패했다고 공격했다. 미국 기업들이 일본 기업들을 상대로 연이어 소송을 제기했고, 이후 일본은 오랜 기간 특허 도용 시비에 휘말리게 된다. 특히 반도체 산업과 전자 산업 분야에서 일본이 호되게 당하게 된다. 미국 정부는 1988년 슈퍼 301조로 불리는 초법적인 무역법을 제정해 일본 기업들을 전방위로 압박했다.

1980년대 들어 미국은 일본을 견제하기 위해 여러 계획을 모색했다. 미국은 그간 자유무역주의를 줄곧 주장해 왔다. 그러나 경기침체와 물가 상승이 동시에 발생하는 스태그플레이션에 빠지자 자국 시장을 보호하기 위해 자유롭지만, 공정하기도 한 무역을 강조했다. 곧 보호무역주의를 택한 것이다. 그 가운데 하나가 1983년부터 시작된 일본 반도체에 대한 본격적인 규제였다.

미국 정부는 일본이 자국 반도체 기업에 보조금 수억 달러를 줬다며, 반덤핑 협의로 조사에 나섰다. 동시에 미국 기업들은 특허 침해를 빌미로 일본 기업들을 공격했다. 당시 일본은 세계 최대 메모리반도체 생산국이었으나 이로써 쇠락의 길을 걷게 된다. 1980년대 미국은 경기부양과 군사비 지출 확대 등으로 재정지출이 증가해 재정적자에 시달렸다. 이렇게 재정적자와 무역적자가 같이 늘어나는 것을 쌍둥이 적자라 한다.

미국은 이를 줄일 방법을 찾아야 했다. 그들은 손쉬운 방법, 곧 환율로 이를 해결하기 위해 1985년 9월 22일, 미국 재무장관 제임스 베이커는 뉴욕 플라자호텔로 선진 4개국 재무장관을 은밀히 소집했다. 베이커는 일본의 엔화가 너무 저평가되어 미국의 무역적자가 심화되니 엔화 강세를 유도해 달라고 강력히 요청했다. 미국이 시장원리에 맡겨야 할 외환시장에 각국 정부의 개입을 요청한 것이다.

미일 무역전쟁, 플라자합의

베이커의 압박에 일본과 서독은 수입 물량조정, 관세 인상과 같은 직접적인 조치로 타격을 받는 것보다는 환율 조정이 그나마 받아들일 만하다고 판단했다. 특히 일본은 핵우산과 자위대 문제, 과도한 무역흑자로 더 이상 미국과 마찰을 일으킬 수 없는 형편이었다. 결국 각국 재무장관들은 달러 가치, 특히 엔화에 대한 달러 가치를 떨어뜨리기로 합의했다. 이것이 이른바 '플라자합의'이다.

이 합의로 미국은 엔화와 마르크화를 대폭 평가절상시킴으로써 달러를 평가 절하한 셈이 되어 위기를 넘겼다. 달러는 세계 기축통화이기 때문에 스스로 평가 절하할 방법이 없었다. 곧 상대방 통화를 절상시켜야 달러의 평가절하를 달성할 수 있다. 1985년 플라자합의 뒤 4차례나 더 환율조정 협의가 있었다. 그러다 보니 미국은 이제 환율 하락 속도가 너무 지나치다고 느껴졌다.

달러화 약세에도 불구하고 미국의 무역적자 비중은 계속 확대되었다. 달러화 가치 폭락에도 미국의 적자가 개선되지 않자, 달러의 평가절하는 이제 그만하기로 했다. 미국은 다른 방법을 찾아야 했다. 이번에도 무역적자 원인을 외부에서 찾았다. 일본과 서독이 미국 물건을 사주지 않아 무역적자가 늘어나는 것이라 보았다. 미국은 1987년 2월 파리 루브르에서 선진 6개국(프랑스·서독·일본·캐나다·미국·영국) 재무장관 모임을 주선해 미국의 뜻을 전달했다. 더 이상의 달러 가치 하락은 각국의 경제성장을 저해한다며, 각국이 내수경기를 살려 미국 상품의 수입을 늘려달라고 요청했다. 미국은 금리를 인상하여 달러 약세를 막고, 다른 나라들은 금리를 내려 내수를 부양시켜 미국 상품을 수입하자는 것이 미국이 요청한 루브르합의의 주요 내용이다.

냉전 시대 미국은 소련 잠수함의 위치 추적을 위해 소련 기지 근처에 매복해 있다가 잠수함이 발진하면 그 뒤를 따라다니곤 했다. 그런데 어느 순간부터 미국의 수중음향탐지기에 소련 잠수함이 사라졌다. 즉 소련 잠수함이 미국 근해에 침투해도 발견하기 힘들어진 것이다. 소련 핵잠수함이 바로 미국 코앞에 와 있다고 생각하니 미국 전체에 비상이 걸렸다. 알고 보니 일본 고급 공작 기계가 소련으로 판매되어 일어난 일이었다.

일본의 도시바 기계가 '코콤(COCOM, 대공산권수출통제위원회)'의 규제를 위반해 몇 차례 선박 프로펠러 가공 기계를 소련에 판 것이다. 미·소가 첨예하게 대립하던 냉전 시대라 서방 국가들은 '코콤'이라는 기구를 만들어 군수물자가 적들의 손에 들어가지 않도록 했는데, 도시바 기계가 이를 무시하고 몰래 소련과 거래한 것이다. 이러한 사실이 1987년 3월 양국 신문에 보도되자 미국은 난리를 쳤다. 미·일 관계는 걷잡을 수 없이 악화됐다.

일본 총리가 공개적으로 사과했고, 도시바 기계의 사장은 물론 도시바그룹 회장도 물러났다. 그래도 미국 사회의 분노는 가라앉지 않았다. 미국은 제재에 들어가 도시바 기계의 대미수출은 4년간 중단됐다. 도시바그룹 전체가 미국 정부와 계약할 수 없게 됐다. 이로써 양국 간의 분위기는 급속도로 차가워졌다.

당시 일본 경제는 루브르합의를 받아들일 상황이 아니었다. 경제 활황과 자산 가격 폭등으로 오히려 금리를 올려야 할 판국이었다. 하지만 잠수함 사건이 터지자, 미·일 관계가 극도로 악화되어 미국의 뜻을 거절할 수가 없었다. 이게 플라자합의와 더불어 일본 경제에 불행의 씨앗이 되었다. 이후 일본은 내부 부양을 위해 5조 엔의 재정투자와 1조 엔의 감세를 발표했다.

이미 과열 조짐을 보이던 일본 경제는 그 뒤 폭발적으로 팽창했다. 일본은 올려야 할 기준금리를 오히려 0.5% 내리고 내수 부양을 위한 각종 대책을 도입했다. 그 가운데 하나가 부동산 경기 부양이었다. 당시 일본 은행들은 부동산 경기가 활황세임에도 주택담보 비율을 경쟁적으로 120%까지 올렸다. 10억 원짜리 아파트를 대출을 받아서 구입하기 위해 은행에 가면 12억 원까지 대출을 해주었다는 이야기다.

너도나도 부동산 구입 대열에 끼어들어 1980년대 후반 일본의 부동산 버블이 극에 달했다. 이렇게 일본은 미국이 강제한 두 합의를 이행하는 과정에서 버블을 만들었다. 결국 그 버블이 터지면서 이른바 잃어버린 30년의 늪에 빠지게 되었다.

미국과 달러와 전쟁 중인
중국의 위안화

"마음이 우울해야 술의 귀함을 알고,
가난해져야 비로소 돈이 신과 같음을 안다."
- 당나라 시선(詩仙) 백거이

올해 외환시장은 그 어느 해보다 변동 폭이 크다. 그 중심에는 가파르게 기준금리를 올리는 미국이 있다. 이른바 킹달러로 불리는 미국 달러가 있다. 미국 달러 못지않게 언론에 오르내리는 화폐가 위안화이다. 달러 패권을 위협하겠다는 야심을 감추지 않고 있는 중국의 위안화, 디지털 화폐로의 전환도 전 세계에서 가장 빨라 주목을 받고 있다. 중국 위안화가 지닌 영향력도 그만큼 올라가고 있다.

중국은 자체적으로도 위안화의 위상을 높이기 위해 노력하고 있지만, 국제 정세가 급변함에 따라 예상치 않게 영향력이 커지기도 했다. 중국이 위안화의 영향력을 키우는 것은 달러에 맞서기 위한 측면이 크다. 하지만 단지 미국과의 경쟁에서 이기려고 위안화와 달러의 경쟁을 일으키는 것은 아니다. 올해 유독 달러의 영향력이 커서 국내 개인들에게도 밀접한 연관이 있다. 달러의 움직임에 따라 증시가 움직이기도 하고 개인들의 대출 금리까지 영향을 받는다. 전 세계 투자시장은 물론 금융시장 전체를 뒤흔들 정도로 미국 달러의 파워가 엄청나다.

이는 달러가 국제 결재나 금융거래에 기본이 되는 기축통화의 지위를 차지하고 있기 때문이다. 달러가 기축통화가 된 것은 채 100년이 되지 않았다. 기축통화로 가장 오래된 역사를 지닌 것은 금이다. 희소성 때문이다. 금은 지금도 안전자산의 대표주자로 자본시장이 불안할 때마다 가격이 상승했다. 금은 단점도 명확하다. 부피와 무게 때문에 무역할 때 직접 교환하기 불편하다.

18세기 이후 전 세계 무역이 증가하며 금을 대신해 기축통화를 차지한 것은 파운드이다. 당시 영국이 세계 패권을 쥐고 있었기 때문이다. 그러다가 세계대전을 거치면서 미국이 세계 패권을 거머쥐고 달러를 기반으로 세계를 장악하기 시작했다. 원유 결재를 달러로 하도록 하는, 이른바 페트로 달러를 통해서 미국은 여전히 세계 기축통화로서의 달러 가치를 유지하고 있다.

달러 패권에 도전하는 위안화

어쨌거나 미국이 패권국가로 영향력을 발휘하는 결정적 원인 중 하나는 달러의 힘이다. 중국은 이게 못마땅했다. 미국이 맘에 안 드는데 맞설 방법을 찾다 보니 달러의 영향력을 줄이는 게 필요했다. 자신들도 위안화 가치를 높여 글로벌 영향력을 더 키우려고 부단한 노력을 기울여왔다. 상대적으로 디지털 화폐에 대한 연구를 빨리 시작했던 이유도 마찬가지이다.

그동안 기울였던 노력에 비해 위안화의 가치는 크게 오르지 않았다고 볼 수도 있다. 그러던 것이 올해 결정적 변수를 마주하게 된다. 바로 우크라이나 전쟁이다. 러시아가 우크라이나를 침공하자 미국과 서방은 러시아에 금융 제재를 가하기 시작한다. 대표적인 '국가은행간 통신협회', 이른바 스위프트 결재 망에서 러시아를 배재했다. 러시아 은행들이 전 세계 대부분의 국가가 공동으로 사용하는 금융 전산망에서 퇴출당했다.

러시아 기업과 개인의 수출입 대금 결제, 해외 대출과 투자가 모조리 막혔다. 그러자 러시아는 달러를 대신해 우방국가인 중국의 위안화를 대안으로 삼았다. 중국은 사용 국가가 많지 않지만 이미 위안화 국제결제 시스템을 갖추고 스위프트에 대항해 오고 있었기 때문이다. 러시아가 실제로 위안화를 더 많이 필요로 하면서 위안화의 가치는 크게 올라갔다. 2023년 3월 1일 인민은행이 고시한 달러·위안화 기준 환율은 6.3014위안까지 떨어졌다. 달러를 바꾸는데 위안화가 더 적게 필요한 만큼 위안화 가치가 상대적으로 높아졌다는 의미다.

중국은 국제정세가 자신들에게 유리해진 측면을 적극 활용하려 했다. 사우디아라비아와 석유 결제를 할 때 달러가 아닌 위안화로 하는 방안을 논의하기 시작했다. 중국은 2020년 기준 세계 원유 수입량 1위 국가이다. 사우디 원유의 26%를 수입하는 큰손이다. 위안화로 페트로 달러 체제를 흔들 경우 그만큼 달러의 지배력을 약화 시킬 수 있다는 의도가 깔려있다. 인도 역시 원유 수출길이 막힌 러시아의 석유를 수입하면서 결제 통화로 위안화를 사용하는 방안을 검토했다.

위안화의 세계화를 위한 노력은 점차 결실을 맺고 있다. 스위프트 결재망의 2023년 1월 통계를 보면 위안화의 국제 결재 비중은 3.2%로 사상 최고치를 경신했다. 달러(39.92%), 유로화(36.56%)에 크게 뒤지고 파운드(6.30%)에 이어 4위에 그쳤지만, 줄곧 4위였던 엔화를 제친 것만 해도 놀라운 일로 평가받고 있다. 지난 2018년만 해도 위안화 결재 비중은 1%대에 불과했는데 비중이 크게 늘어났다.

전 세계 외환 상품시장의 통화별 거래 비중을 봐도 중국 위안화의 영향력 확대를 확인할 수 있다. 달러가 압도적인 1위이고, 유로화, 엔화, 파운드화에 이어 위안화는 5위에 불과하다. 그러나 10년 전과 비교할 때 위안화는 거래 비중이 세 배 정도 늘어났고, 호주 달러를 6위로 밀어냈다. 그만큼 위안화의 달라진 위상을 확인할 수 있다.

중국이 디지털 화폐에 엄청난 노력을 기울이고 있다. 약자로 CBDC(Central Bank Digital Currency)로 불리는 중앙은행 디지털 화폐, 중국은 일찌감치 인민은행이 중심이 돼 디지털 화폐 개발에 나섰다. 최근에는 전국 곳곳에서 디지털 위안화의 시범 서비스를 실시하고 있다. 중국은 세계 각국이 CBDC를 도입하는 과정에서 자신들이 글로벌 경쟁 우위를 점하려 하고 있다.

마치 현재 실물 화폐의 기축통화를 달러화가 장악한 것처럼, 디지털 화폐에선 자신들의 디지털 위안화를 기축통화로 만들겠다는 야심을 드러낸 것이다. 디지털 위안화는 중국에서 많이 쓰이는 알리페이나 위챗페이와 차이가 없다. 한국으로 치면 카카오페이, 네이버페이와 같은 것이다.

하지만 디지털 화폐와 전자결제의 차이는 적지 않다. 일단 위험성이 제로에 가깝다. 만약 카카오페이와 네이버페이에 돈을 넣어뒀는데 카카오와 네이버가 망하면 그 돈을 못 쓰게 될 가능성이 있다. 디지털 화폐는 중앙은행이 발행하는 만큼 중앙은행, 즉 나라가 파산하지 않는 한 위험성이 없는 것이다. 전자결제와 달리 수수료도 없다. 상용화가 될 경우 모든 매장에서 사용할 수 있다.

카드 결제를 거부하고 현금 결제를 요구하는 것처럼 매장에서 거부할 수 없는 것이다. 와이파이나 인터넷 등 통신망이 연결되지 않아도 이용이 가능한 것도 특징이다. 계좌나 신용카드와 연결도 필요 없다. 중국 정부가 디지털 위안화를 상용화하면 미국 달러 패권에 영향을 미칠 수 있을까? 지금으로 봐서는 알 수 없다. 다만 어느 정도 위안화의 국제화에 긍정적인 요소는 될 수 있을 것이다.

화폐는 국가의 신용도에 영향을 크게 받는다. 지금처럼 중국이 아시아, 아프리카 등 특정 국가들에만 신뢰를 주고 다른 나라에 믿음을 주지 못한다면 어떻게 될까? 아무리 중국이 디지털화폐 시장에서 앞서 나간다고 해도 사용하는 국가는 많지 않을 것이다. 위안화의 위상을 높이려는 중국의 시도가 성공할 수 있을지, 달러 패권을 무너뜨릴 수 있을지 궁금해진다.

위안화, 기축통화로 빠른 성장

그렇다면 위안화가 언제 기축통화의 위치를 갖게 될까? 중국 경제 규모가 미국을 따라잡을 20여 년 뒤에는 위안화와 달러가 기축통화 지위를 나누어 가질 것이라는 전망이 나온다. 중국이 자본시장 자유화에 속도를 내면 갈수록 값어치가 오를 것으로 예상되는 위안화의 수요가 늘어 그만큼 국제화가 가속화할 것으로 보인다.

하지만 과거 일본 엔화와 독일 마르크화의 도전도 꺾은 바 있는 달러가 자리를 호락호락 내놓지 않을 것이라는 반론도 여전하다. 아직은 각국 외환보유고에서 위안화의 비중이 미미해 달러와의 비교가 무의미할 정도이다. 중국의 경제와 무역 규모를 고려하면 더 보잘것없다. 기축통화의 핵심 조건인 자유 거래와 안정성이 달러에 견주어 보아 아직 크게 부족한 게 한계로 작용하기 때문이다.

중국 정부는 달러의 빈틈을 파고드는 동시에 장기적으로 디지털 위안화로 새로운 패러다임 전환에 대비하고 있다. 당장 달러 패권을 무너뜨릴 수 없는 만큼 아시아, 아프리카, 중동, 남미 등으로 영향력을 확대하려는 시도는 계속될 것이다.

2장,
팽창하는 돈으로
일어나는 투자와 투기

황금에 대한 열망으로
개척한 신대륙

> "황금은 하느님의 대문 외엔
> 어느 대문에도 들어간다." - 존 레이

"황금은 놀라운 물건이다. 그것을 가진 자는 원하는 모든 것을 지배할 수 있다."

1505년 콜럼버스가 쓴 '자메이카로부터의 편지'의 한 구절이다. 황금, 다시 말해 부에 대한 열망은 예나 지금이나 인간을 사로잡는 욕망의 결정체였던 셈이다. 콜럼버스는 항상 이탈리아의 탐험가로 소개된다. 우리 역시 콜럼버스 하면 미지의 신세계를 찾아나선 탐험가, 도전가, 혁신가 등으로 부른다. 세계사를 잘 모르는 사람일지라도 마르코 폴로, 마젤란, 바르톨로메우 디아스, 바스코다 가마 등의 탐험가들의 역사적인 업적이 있던 연도는 기억하지 못하더라도, 콜럼버스가 신대륙을 발견한 1492년이라는 연도는 대부분 기억하고 있다.

그런데 콜럼버스는 진정 탐험가인가? 국어사전에서 탐험가를 찾아보면 "위험을 무릅쓰고 어떤 곳을 찾아가서 살펴보고 조사하는 일을 전문으로 하는 사람"이라고 정의되어 있다. 이 정의에 의하면 콜럼버스는 탐험가라고 하기에는 뭔가 이상하다. 콜럼버스는 탐험가일까, 리스크를 안고 높은 수익률을 추구한 도박사일까? 그 중간 어디쯤일 것이다.

당시 15세기 후반, 유럽은 인도로 향하는 항로 개척에 열을 올리고 있었다. 오스만 투르쿠에 의해 1453년 동로마제국이 함락되자, 이탈리아, 스페인, 포르투갈은 아시아와 거래하던 실크로드의 대안을 찾으려 했다. 앞선 주자는 포르투갈이었다. 포르투갈은 바르톨로메우 디아스(1488년 희망봉 발견)와 바스코 다 가마(1498년 인도항로 개척)을 앞세워 아프리카를 도는 인도항로를 개척하려 했다. 다들 아프리카 항로 개척에 관심을 두던 시기에 콜럼버스는 대서양 항로를 개척하려고 했다.

어쩌면 콜럼버스는 준비된 인물이기도 하고, 무모한 도전가 이기도 하다. 19세부터 이미 항해 일을 하면서 북쪽으로는 아이슬란드, 남쪽으로는 아프리카 가나까지 다니며 상거래 등 선박 일을 해왔다. 다양한 서적을 독파했으며, 지도 제작 관련 전문역량을 쌓았다. 특히 무역풍의 존재를 알았다. 그는 대서양을 건너 서쪽으로 가면 아시아가 나올 것이라고 생각했다.

사실 이러한 발상은 그리 어려운 것이 아니었으나, 실현 가능성이 너무 낮았다. 대서양과 태평양을 지나 아시아까지 가는 거리가 너무 멀었기 때문이다. 콜럼버스는 엄청난 계산 실수로 이 루트가 가능할 것이라 생각했다. 그는 일반적으로 통용되던 지구의 둘레 값인 에라토스테네스의 계산 결과를 사용하지 않았다. 대신 9세기 압바스 왕조의 천문학자 알프라가누스의 값을 사용했다.

이 과정에서 아랍 마일로 적혀있던 알프라가누스의 계산 결과를 로마 마일로 잘못 이해한 콜럼버스는 지구의 둘레를 실제의 3/4 정도로 생각했다. 게다가 당시 유럽에는 아시아의 정확한 크기를 측정한 자료가 없었기 때문에 일본의 위치를 실제보다 14,000㎞ 이상 가깝다고 보았다.

콜럼버스가 처음 대서양 항로를 제안한 사람은 아니었다. 1470년 피렌체 천문학자 토스카넬리가 서쪽 항로를 개척할 것을 포르투갈 국왕에게 이미 제안한 바 있었다. 다만 콜럼버스는 좀 더 집념이 많았다. 콜럼버스는 1484년 포르투갈의 왕 주왕 2세에게 서회항로 탐험을 제안하였다. 아프리카 서해안 탐사와 동방무역 항로 개척을 준비 중이던 주앙 2세가 거절하자, 스페인 궁정으로 갔다. 당시 스페인은 카스티야 여왕 이사벨 1세와 아라곤 왕 페르난도 2세가 공동 통치를 하고 있었다. 정치, 지리, 종교적 통일을 이룩하고 국가의 비상을 꾀하던 이사벨과 페르난도 부부는 해외 진출에 관심을 갖고 있었지만, 콜럼버스가 실현 가능성 없는 조건을 제시하자 포르투갈에서와 마찬가지로 받아들여지지 않았다. 그 조건은 이렇다.

① 콜럼버스를 탐험대의 해군 제독으로 임명한다.

② 콜럼버스를 신대륙의 부왕 겸 총독으로 임명한다.

③ 콜럼버스는 신대륙에서 획득한 금·은 등 산물의 1/10을 소유한다.

④ 신대륙과 스페인 사이 소송이 일어날 경우 콜럼버스가 재판장과 재판권을 갖는다.

⑤ 이 권리와 명예는 콜럼버스의 자손 대대로 물려받는다.

당시 스페인 교회의 성직자들은 포르투갈 교회에 대한 경쟁의식으로 더 넓은 선교할 곳이 필요했고, 여왕을 설득했다. 결국 이사벨이 콜럼버스를 등용하였다. 이사벨 여왕은 콜럼버스를 해군 제독에 임명하였고, 선박 2척(핀타호와 니나호)을 내주었다. 하지만 워낙에 무모한 계획이었기 때문에 참여하겠다는 선원이 많지 않았다. 결국 과거에 지은 죄를 면죄해 준다는 조건으로 범죄자와 부랑자들까지 승무원으로 모집하였다.

필로스항에 사는 핀손이라는 선장이 자기 소유의 선박인 산타마리아호와 함께 참가하였다. 계약 수에도 이사벨 여왕이 계속 지원을 미뤘기 때문에 실질적인 항해까지 걸린 시간은 6년이나 되었다. 당시 콜럼버스는 39세였다. 콜럼버스가 탐험을 시작한 것은 당대 유럽인이 가지고 있었던 중요한 사명인 기독교의 포교 혹은 미지의 세계에 대한 순수한 탐구심이 아니었다.

금을 찾기 위해 새로운 바닷길을 개척한 콜럼버스

실제로 콜럼버스가 원하는 것은 각종 향신료의 수입을 위한 인도와의 교역으로 얻을 수 있는 금과 보물이 가장 큰 이유였다. 콜럼버스의 항해 일지를 보면 금과 보물에 대한 언급이 10일 분량에 수백 차례나 등장한다. 또한 이사벨 여왕과의 계약 내용에서도 알 수 있듯이 가장 중요한 목적은 부의 축적이었다. 콜럼버스는 총 4차례나 유럽에서 아메리카 대륙을 항해했다.

제1차 항해는 1492년 8월 3일이었으며, 같은 해 10월 12일에 현재의 바하마 제도에서 과나하니 섬(추정)에 도달했고, 이 섬을 산살바도로(San Salvador, 구세주의 섬)이라 칭하였다. 이어서 그는 쿠바와 히스파니올라(아이티)에 도달하여, 이곳을 인도의 일부라 생각하고 원주민을 인디언이라 칭하였다. 이후 항해 도중, 산타마리아호가 파손되어 한 섬에 약 40명의 선원을 남긴 후에 에스파놀라(스페인)라고 이름 지었다. 제1차 항해 후 1493년 3월에 귀국하여 왕 부부로부터 신세계의 부왕으로 임명되었다. 제1차 항해 후 아메리카에서 그가 가져온 금제품이 전 유럽에 큰 파장을 일으켰고, 콜럼버스의 달걀이란 일화도 생겨났다.

제2차 항해는 1493년 9월 24일이었다. 그의 선전에 따라 금을 캐러 가는 사람이 대부분이었다. 1,200명이 참가하였으며 17척에 대선단이 꾸려졌다. 히스파니올라에 남겨 두었던 식민지 개척자는 인디오의 저항으로 전멸해 버렸으나, 콜럼버스는 여기다 식민지 행정관으로서 이사벨라 시를 건설하는 한편, 토지를 스페인 경영자에게 분할해 주고 인디언에게는 공납과 부역(경작과 금 채굴)을 명령했다. 그러나 금의 산출량이 보잘것없자, 항해자들은 원주민을 학대, 살육, 성폭행하였으며, 노예화하였다. 이 항해에서 스페인으로 보낸 산물은 주로 노예였다.

제3차 항해(1498년~1500년)에서 트리니다드 토바고와 오리노코 강 하구를 발견하였다. 콜럼버스는 제3차 항해에서 칼데아신

아람어와 히브리어에 능통한 선원 두 명을 데리고 갔다. 목적지인 남아시아에 다다르게 될 경우, 에덴동산의 거주자들이 이 두 언어를 쓸 가능성이 가장 높다고 생각했기 때문이었다. 오리노코 강 하류를 에덴동산의 관문이라고 착각했다. 하지만 신의 명으로 불꽃의 검을 들고 그곳을 지키고 있는 케루빔이 자신의 배들을 공격하지 않을까 두려운 마음에 그 강을 거슬러 올라가지는 않았다. 제3차 항해 도중, 히스파니올라에서 내부 반란으로 그의 행정적 무능이 문제시되어 본국으로 송환되었다.

제4차 항해(1502년~1504년)에서 그는 온두라스와 파나마 지협을 발견하고 귀국한 것으로 알려져 있다. 제3차 항해의 허가는 바스쿠 다가마의 성공에 자극을 받았다. 통풍과 관절염으로 수년간 고생하던 그는, 1506년 5월 20일 바야돌리드에서 사망했다. 사망할 때까지 그는 자신이 도착했던 땅이 인도라고 확신했다.

탐험과 발견으로 인하여 아메리카 대륙이 비로소 유럽인의 활동 무대가 되었다. 현재 미국이 탄생할 수 있었던 근본적인 토대가 생길 수 있었다는 점에서 중요한 의미를 지니고 있다. 서양인의 관점에서 보면 역사의 무대를 전 지구로 확장하는 계기가 되는 중요한 사건이다. 또한 지중해 중심이던 서양 역사가 대서양 중심으로 재편되기도 했다. 서양인들은 자신들이 사는 세계가 더 큰 세계의 일부라는 것을 깨닫게 되었다.

개척 열기가 이어지며 아메리카 대륙에 서양문명을 이룩하게 되었다. 거대한 신대륙의 발견과 대서양보다 훨씬 더 넓은 태평양의 존재를 알게 되는 등 당대의 지식인들에게 놀라운 지적 자극이 되어 사고의 문을 넓혀주었다.

그러나 콜럼버스가 아메리카 식민지를 통치하며 원주민을 노예로 삼고, 고문 등 잔혹 행위는 물론 원주민을 잔혹하게 학살했다는 사실이 역사적 고증으로 밝혀지면서 콜럼버스데이에 반대하는 운동이 미국 전역에서 벌어지기도 했다.

콜럼버스의 항해는 금을 찾는 목표는 실패했지만, 세계를 뒤바꿔 놓았다고 볼 수 있다. 두 번째 항해 때 사탕수수 묘목을 이스파뇰라 섬에서 들여와 섬 주변에 사탕수수 농사를 짓기 시작하면서 유럽인들은 부를 축적하게 되고, 콜럼버스를 통해 두 세계 간의 접촉과 왕래가 많아진 것이다. 콜럼버스의 교환은 좋은 것만 교환한 것은 아니었다. 다른 지역 사람들에게 치명적이지만 의도치 않았던 천연두와 같은 전염병도 교환됐다.

신대륙의 은이 가져온
투자와 투기

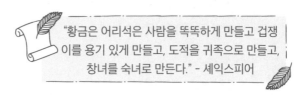

"황금은 어리석은 사람을 똑똑하게 만들고 겁쟁이를 용기 있게 만들고, 도적을 귀족으로 만들고, 창녀를 숙녀로 만든다." - 셰익스피어

16세기 초에서 17세기 중반까지 아메리카 신대륙에서 엄청난 금과 은이 스페인으로 흘러들었다. 금과 은을 통화의 기본단위로 했던 스페인에 막대한 양의 통화가 흘러넘쳤다. 150년 사이에 물가는 여섯 배로 올랐다. 경제사 학자들은 이를 가격혁명이라고 명명했다. 물가 상승이란 개념이 없던 중세 유럽에 처음으로 가격이 오르는 현상이 벌어졌다. 그래서 혁명이란 단어가 붙었다.

하지만 인플레이션은 연평균 1~1.5%에 불과했다. 현대의 개념으로 보면 잘 유지된 통화팽창이지만, 상당한 시간이 경과한 후에 사람들은 물가가 오른 것을 인식하게 되었다. 가격혁명은 스페인에서만 일어난 것이 아니다. 스페인의 금화와 은화가 합스부르크령 네덜란드로 흘러 들어갔고, 그 여파로 이웃 나라로 파급되면서 유럽 전반에 인플레이션이 발생했다.

16세기 유럽은 금과 은을 화폐로 사용하는 복본위제를 채택하고 있었다. 유럽의 봉건왕조는 화폐로 사용할 수 있는 금과 은을 많이 확보하는 것이 부를 증대시키는 가장 확실한 방법이었다. 그래서 금·은을 찾아 정복의 길을 나섰다. 1520~1530년대, 스페인의 군대는 아메리카대륙의 아즈텍과 잉카제국을 멸망시키고, 그곳의 금은보화를 보물섬에 가득 싣고 세비야 항에 도착했다. 이 금은보화는 스페인 국왕이자, 신성로마제국 황제인 카를 5세의 영토팽창 욕구가 생기게 만들기에 충분했다.

카를 5세는 이 금을 담보로 독일 금융 가문인 푸거가와 벨저가, 이탈리아 제네바 상인들에게서 빌렸다. 재위 36년 동안 카를 5세는 아메리카에서 들어오는 금과 은을 녹여 자신의 영토팽창 욕구를 충족시켰고, 신성로마제국 황제 선거에 펑펑 썼다. 새로 발행되는 주화는 저지대 상업 도시인 앤트워프로 흘러 들어갔다. 그곳에서 푸거가와 벨저가의 은행들은 스페인 주화를 진공청소기처럼 쭉 빨아 당겼다.

16세기 초 스페인 젊은이들은 일확천금의 부푼 꿈을 가지고 아메리카로 몰려갔다. 1503년부터 1510년까지 금 4.9톤이 세이야 항으로 들어왔다. 1510년대의 금 유입량은 9.1톤, 1520년대 4.9톤이 들어왔고, 1550년대엔 42.6톤이 유입되면서 절정을 이뤘다. 하지만 아메리카는 언제까지 노다지가 아니었다. 그 후 금 유입량은 줄어들어 17세기 초에 연간 1~2톤으로 감소했다.

아메리카에서 금을 대신한 것은 은이었다. 멕시코와 남미 포토시에서 대량의 은광이 발견되었다. 1560년부터 1640년까지 신대륙에서 생산된 은은 연평균 185~320톤에 이르렀다. 은을 캐는 데는 엄청나게 많은 인력이 필요해서 스페인은 인디오들을 강제노동에 내몰았다. 하루 10시간 이상 갱도 노동과 30년이 지나야 풀려나는 강압 아래 많은 인디오들이 목숨을 잃었다.

은은 유럽에서도 발굴되었다. 1520년대에 보헤미아(체코)의 요하힘스탈에서 대량의 은광이 발굴되었다. 신대륙에서 들어오고 유럽에서 채굴되고 은이 넘쳐났다. 프랑스에서도 물가가 상승했다. 1568년 프랑스 철학자 장 보뎅은 프랑스의 물가 상승이 스페인의 금은 유입에 따른 것이라고 결론 내렸다. 주화의 양적 팽창이 물가 상승을 이끈다는 것을 당시 사상가들은 알고 있었던 것이다.

금광을 발견한 스페인이 몰락한 이유?

현대에 스페인 가격혁명을 연구한 사람은 미국의 경제사학자 얼 해밀턴이다. 해밀턴은 1934년에 신대륙에서 금과 은의 유입 증가가 스페인에서 가격혁명의 주된 원인이라고 결론지었다. 1501년과 1600년 사이에 스페인에서 물가상승률은 네 배였다. 해밀턴은 스페인의 물가가 1501년과 1550년 사이에는 완만하게 상승하다가 1550년에서 1600년까지 정점에 이르렀다고 분석했다. 이는 신대륙에서 들여오는 금과 은의 양과 일치했다.

인구팽창도 물가 상승을 부채질했다. 1460~1620년 사이에 유럽의 인구는 증가했지만, 식량공급량이 따라잡지 못했다. 인구 증가로 곡물 가격은 상승했다. 물가 상승은 스페인의 인건비를 올려 외국인 노동자들을 불러들이는 요인으로 작용했다. 주로 프랑스 노동자들이 피레네 산맥을 넘어왔다. 스페인에선 "엘도라도 광산(전설상의 금광)에서 힘들게 일하는 것은 프랑스인들을 부유하게 만들기 위해서다"는 말도 생겼다.

스페인에게 신대륙의 금과 은은 축복이 아니라 저주였다. 물가가 오르면 전쟁 비용도 상승했다. 욕심 많은 카를 5세는 벨저 가문에 돈을 빌리고 베네수엘라를 떼 주었다. 베네수엘라에서 금과 은을 캐서 가져가라는 것이었다. 벨저가의 베네수엘라 경영은 오래가지 못했다. 이는 스페인의 부채가 심각하게 불어나고 있음을 방증했다. 카를 5세 재위 기간에 금리는 17%에서 48%로 뛰어올랐다.

카를 5세가 스페인의 재원을 낭비하자 스페인 의회(크르테스)가 등을 돌리고 국민들의 원성이 자자했다. 그는 말년에 합스부르크 제국을 분할해 스페인과 이탈리아, 플랑드르를 펠리페 2세에게 물려주고, 신성로마제국과 독일 영지는 동생 페르디난트에게 양도했다. 하지만 이때는 이미 스페인은 기울어 있었다.

카를 5세를 이은 필리페 2세가 오스만 투르쿠와 벌인 레판토 해전에서 참전하는 바람에 1572년 군사비 지출이 신대륙에서 가져온 금과 세금을 모두 합친 것보다 두 배나 되었다. 1576년에 펠리페 2세는 병사들에게 줄 급료가 국가 세입의 2.3배에 달하자, 채권자들에게 디폴트를 선언했다. 또한 국왕은 부채의 만기를 장기로 전환할 것도 강요했다. 이때 스페인은 공채를 발행한다. 펠리페 2세는 영국과의 전쟁에서 패해 막강한 무적함대가 모두 바다에 빠졌다. 그 금액이 연간 세입의 다섯 배에 해당하는 것이었다고 한다.

펠리페 2세 이후에도 스페인은 1596년, 1607년, 1627년,

1647년에도 모라토리엄(채무불이행)을 다섯 번이나 반복했다. 국가 신용은 떨어지고 경제는 내리막길을 걸었다. 재정이 악화되면서 국왕들의 입지도 좁아져 새로운 사업을 펼칠 수도 없었다. 스페인의 합스부르크 왕가가 가톨릭의 수호자임을 자처하면서 신대륙에서 얻은 부를 전쟁 비용으로 소모했다. 그 이득은 이탈리아의 제노바 상인들의 몫이었다.

제노바 공화국은 스페인 왕가와 밀착해 자금을 대줬다. 물론 공짜 돈은 아니었다. 이자를 꼬박꼬박 붙였다. 스페인의 식량 공급도 제노바 상인들이 떠맡았다. 아메리카 뉴스페인에서 돌아오는 부는 세비야를 거쳐 제노바로 몰렸다. 스페인의 인플레이션은 1640년 무렵이 신대륙에서 들어오는 금과 은이 줄어들면서 그 막을 내렸다.

자본주의 최초의 버블, 튤립 파동

"인간은 한 사람 한 사람 떼어 보면 모두
영리하고 분별이 있지만, 집단을 이루면 모두
바보가 되고 만다." - 프리드리히 실러

투기는 세계사에 암초처럼 나타났다. 일확천금을 노리는 인간의
욕심이 반영된 것이 투기다. 근대 자본주의가 시작되면서 최초의
투기는 1630년대 네덜란드에서 발생한 튤립 파동이다. 17세기 초
오스만 투르쿠가 아시아 내륙에서 자생하는 튤립을 유럽에 소개
하자, 네덜란드인들은 도도한 자태와 아름다움을 갖춘 튤립의 매
력에 푹 빠졌다. 돈 많은 식물 애호가들은 비싼 가격으로 튤립을
사들였다. 튤립은 재배에 한계가 있었다. 씨앗으로 재배하는 방
법은 꽃을 피우는데 3~7년 정도 시간이 소요된다. 하지만 뿌리로
이식시키면 그해에 꽃을 피울 수 있다. 뿌리(구근)이 비싼 가격으
로 팔렸다. 그러다 투기 바람이 불기 시작했다. 1634년쯤 일확천

금을 노리는 사람들이 튤립 뿌리 거래에 참여하기 시작했다. 튤립 뿌리는 양산하기 어렵기 때문에 개수가 한정되어 있고, 수요가 몰리자 가격이 급등했다.

튤립 뿌리를 사면 때돈을 번다는 소문이 돌았다. 순식간에 영주는 물론 장인, 농민들도 투기에 참여했다. 가장 인기가 높았던 품종은 보라색과 흰색 줄무늬를 가진 '센페이 아우구스투스(Semper Augustus)'였다. '영원한 황제'라는 뜻이다. 황제 튤립은 집한 채 값과 맞먹었다. 거래는 정식 증권거래소에서 이뤄지지 않았고 술집에서 이루어졌다. 구근이 모자라자 선물거래라는 당시로는 신개념의 금융거래가 도입되었다. 거래 용지 한 장이면 즉석에서 거래되었다. 그러다가 1637년 2월 3일 갑작스럽게 튤립 거래가 폭락했다. 어음은 부도나고 3,000여 명의 채무자들이 지급불능 상태가 되었다. 거품이 꺼진 것이다.

인간의 탐욕이 만든 튤립 버블

네덜란드의 튤립 버블의 배경을 보면, 당시 네덜란드는 최고의 전성기를 구가하고 있었다. 금융의 발전은 눈부셨다. 스페인의 지배에서 벗어난 네덜란드는 1609년에 암스테르담 은행을 세우고, 1610년에 증권거래소를 설립했다. 그 후 증권거래소는 주요 도시마다 설립되어 상품과 주식, 외환, 해상보험까지 거래했다.

네덜란드에 튤립이 전해진 것은 1554년이었다. 신성로마제국의 오기에르 부스베크라는 사람이 오스만튀르크에서 대사로 파견되었다가 튤립 뿌리를 빈에 가져왔는데, 그 뿌리를 네덜란드 식물학자에게 선물하면서 알려지게 되었다. 튤립은 초기에 돈이 많은 부자나 꽃 애호가들 사이에 퍼져 나가다가 한 식물학자가 변종을 만들었다. 모양과 색깔이 다양해지면서 일반인들의 관심을 끌기 시작했다.

튤립의 변종은 바이러스에 의한 것이었다. 바이러스에 의해 변종된 꽃의 인자는 뿌리에 숨겨져 있었다. 뿌리가 중요시되어서 구근 거래를 한 것이다. 돈이 있는 자들은 앞을 다투어 희귀종 튤립 뿌리를 찾았다. 희귀종을 잘 키우면 돈이 되고, 아름다운 변종을 만들어 낼 수 있어 더 큰 돈을 만들 수 있게 되었다. 네덜란드 전역에 튤립 구근 확보 경쟁이 일어났다. 당시 네덜란드 동인도회사는 고가 주식이었기 때문에 서민들은 그 회사 주식을 살 수 없었다. 대신 튤립 뿌리에 덤벼들었다.

튤립은 바이러스로 인해 변종이 발생하기 때문에 400여 종의 품종이 개발되었다. 튤립마다 계급이 매겨져 황제(Augustus), 총독(Viceroy), 제독(Admiral), 장군(Generalissimo) 등급에 따라 가격의 차이가 생겼다. 1620년대에 튤립 재배자들은 모두 큰돈을 벌었다. 튤립 불패의 신화가 만들어졌다. 비싸고 희귀한 구근은 1/20그램 단위로 거래가 되었다. 보통 구근은 두렁 단위로 거래되었다. 개별적으로 거래하거나, 경매에 부쳐지기도 했다.

시장 규모가 커지면서 입도선매 형식의 선물시장도 생겼다. 한겨울에도 여름에 나올 구근에 대한 거래가 이루어졌다. 시장은 연중 열리게 되었다. 1636년에는 튤립 구근 가격이 한 번도 꺾이지 않고 오름세를 지속했다. 해가 바뀌어 1637년 1월 튤립 구근 가격은 정점에 달했다. 하루에 가격이 두세 배 오르기도 했다. 한 달동안에 하늘 높은 줄 모르게 가격이 치솟자, 사람들은 집과 땅을 팔아 튤립 뿌리를 샀다. 한겨울에 그들이 거래한 것은 봄에 꽃을 피울 땅속에 있는 튤립 뿌리였다.

대부분 어음 결제로 이뤄졌다. 실제 돈과 뿌리가 거래되지 않았다. 4잎 가우더 튤립은 한 뿌리가 20길더에서 225길더로 10배 이상 올랐다. 10닢짜리 장군 튤립은 95길더에서 900길더로 올랐다. 노란색 평범한 튤립 뿌리는 일주일 사이에 1파운드당 20길더에서 1,200길더로 올랐다. 당시 네덜란드 가정의 연간 생활비가 300길더였으니, 튤립 뿌리 가격이 얼마나 올랐는지 짐작할 수 있다. 튤립 한 뿌리가 일반 가정에서 몇 년간 쓸 수 있는 가격에 거래된 것이다.

그러던 가격이 2월 3일 붕괴했다. 꽃이 피는 계절이 다가오고, 현물이 건네지지도 않았다. 튤립 시장에서 더 이상 사는 사람이 나타나지 않았다. 그날 이후 공황 심리가 팽배했다. 이튿날부터 튤립 구근 가격은 폭락했다. 불과 4개월 사이에 가격이 95% 이상 하락했다. 상투에서 산 사람은 5% 정도만 건졌다는 얘기다. 어음이 휴지 조각이 되었고, 선물계약을 맺은 사람들은 도망을 쳤다. 튤립가격 하락은 이듬해 1638년에도 이어졌다.

채권자는 채무자에게 채무이행을 요구하며 소송을 걸었지만, 채무자에겐 이행 능력이 없었다. 채권자들은 정부에 지원을 호소했지만, 아무 소용이 없었다. 사회적으로 큰 문제가 되자 마침내 네덜란드 정부가 나섰다. 정부는 이전의 계약은 모두 무효로 했다. 선물거래액의 3.5%만 지급하는 조건으로 채권채무를 정리하라는 극단적인 조치를 내렸다. 1,000길더를 받기로 하고 튤립을 팔았던 사람은 35길더만 받게 되었다. 이 조치로 꽁꽁 얼어붙었던 튤립 시장은 다시 살아났다. 튤립 가격은 거품 발생 이전 수준으로 돌아왔다.

튤립 버블과 붕괴는 네덜란드 거시경제에 영향을 미치지 않았다. 어음과 선물거래로 이뤄졌기 때문이다. 하지만 사회적으로 큰 영향을 미쳤다. 네덜란드에는 당시 신교 칼뱅주의가 퍼졌는데, 튤립 파동 때 사람들은 금욕적인 태도를 버렸다. 거품이 꺼진 후에 그들은 다시 독실한 칼뱅주의로 회귀했다.

튤립 파동의 원인은 크게 두 가지다. 첫째, 튤립 구근의 양이 제한되어 있다. 물량이 한정되어 있기 때문에 수요가 몰리면 급등했다가 붕괴했다. 둘째, 맹신이다. 튤립이 갖는 재화적 가치보다는 뿌리를 사면 돈이 된다는 맹목성이 개입되었다. 튤립 파동이란 용어는 거대한 자산 가격이 내재적 가치를 크게 벗어나 거품을 형성하는 것을 표현하는 데 자주 사용되고 있다.

영국에서 시작된 남해 거품 사태

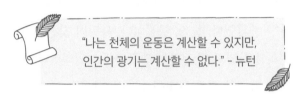

> "나는 천체의 운동은 계산할 수 있지만, 인간의 광기는 계산할 수 없다." - 뉴턴

1720년, 영국 남해회사의 주가는 1월에 100파운드에서 5월에 700파운드로 올랐고, 6월에 1,050파운드로 치솟았다. 하지만 주가의 고공행진은 오래가지 않았다. 주가를 끌어올린 재료들이 루머로 판명되면서, 9월에 주가는 150파운드로 떨어졌다. 영국 의회는 이 사건에 대한 진상조사에 나서 버블 법(Bubble Act)을 만들었다. 경제학에서 버블(거품)이란 용어가 이때부터 생기게 되었다.

남해회사는 1711년에 영국 국왕의 면허(Royal Charter)를 얻어 설립된 무역회사로, 남아메리카와 카리브해역에 노예무역을 독점하고 영국 정부의 국채를 매입하는 회사로 시작했다. 영업권 지역은 스페인의 식민지였다. 스페인이 적국인 영국 회사에 영업은 당연히 허락하지 않았다. 이익금의 25%를 스페인에 귀속시킨다는 조건으로 1년에 한 번 남해회사의 무역선이 페루와 칠레, 멕시코를 오가며 교역을 할 수 있다는 계약이 맺어졌다.

1714년에 2,680명의 노예를 거래했고, 1716~1717년 사이에 1만 3,000명의 노예를 거래했지만, 이익이 나지 않았다. 그나마 스페인 왕위 계승 전쟁에 영국이 참전하면서 사업은 쇠퇴했다. 궁지에 몰린 남해회사는 1719년에 엄청난 음모를 꾸몄다. 스페인 왕위계승전쟁과 북방전쟁을 치르고 있었기 때문에 엄청난 전쟁 적자를 겪고 있었다. 당시 영국 정부의 재정적자는 5,000만 파운드였다.

남해회사는 국채 3,000만 파운드를 매입하겠다고 정부에 제의했다. 영국 정부는 남해회사의 제의를 흔쾌히 받아들이게 되었다. 남해회사는 국채를 주식으로 전환해 3,150만 파운드의 유상증자를 통해 일반에 매각한다는 전략을 세웠다. 1720년 1월 21일 남해회사는 이사회에 안건을 통과시키고, 다음날 의회에 이 방안을 제출했다. 남해회사는 투자자들에게 국채를 주식으로 전환하도록 유도하기 위해 미끼를 던졌다. 그 미끼는 주가 상승이었다.

여기에 작전이 개입되었다. 100파운드 국채를 같은 가격의 주식으로 전환할 경우 남해회사의 이익은 5%(150만 파운드)에 불과했다. 그런데 주가가 200파운드일 때 채권을 전환하면 남해회사는 두 배 이상의 이익을 남기게 된다. 이 방안이 실현되려면 의회의 승인이 필요했다. 남해회사 경영진은 의원들을 대상으로 로비를 했다. 물론 뇌물도 줬다. 그 뇌물은 주식이었다. 조달된 자본금으로 750만 파운드를 정부에 지급했다.

존 에이슬레이비 재무장관이 남해회사의 계획을 의회에 보고하자 주가는 상승했다. 128파운드였던 주가는 2월에 187파운드로 올랐다. 한 달 뒤 남해회사의 주가는 300파운드를 넘어섰고, 하원에서는 남해회사의 주식전환 방안이 논의되었다. 아키볼드 허치슨과 같은 의원은 국채와 주식 전환비율을 정해야 한다고 주장했지만, 에이슬레이비 재무장관은 주식의 객관적 가치를 정할 수 없다는 이유로 반대했다. 재무장관을 비롯해 상당수 고위관료들은 이미 남해회사의 주식을 받아놓은 상태였기 때문이었다. 주식에 눈이 먼 그들은 의회에 법안 통과를 종용했고, 법안은 4월 7일 의회를 통과했다.

4월 14일 첫 번째 청약에서 남해회사의 주식은 주당 300파운드에 200만 주가 팔려나갔다. 공모는 선풍적인 인기를 끌었고, 청약은 1시간 만에 마감되었다. 음모가들은 본격적인 작전을 감행했다. 우선 청약 시 증거금 비율을 20%로 낮췄다. 투자자가 매입 대금의 20%만 내면 주식을 받을 수 있었고, 나머지 80%는 16개월에 걸쳐 나눠 내도록 했다. 남해회사가 투자자들에게 주식을 담보로 돈을 대출해줬다. 투자자들은 주식을 담보로 더 많은 주식을 사게 되었다.

게다가 채권 보유자에게 주식 전환을 차일피일 미루었다. 주식 시장의 수급에 문제가 생기게 만들었다. 거래 물량을 줄여 주가를 올리는 방식이다. 청약 때마다 채권보유자들이 청약을 하기 위해 구름떼같이 몰려왔다. 6월 초 주가는 890파운드로 급상승했다. 상투를 의식해 매물이 나오면 회사 측이 몰래 주식을 사들여가며 주가를 지탱했다. 작전 세력들은 루머도 퍼트렸다. 회사가 남아메리카 주요 항구에 대한 통상권을 획득했다느니, 남미 최대 은광인 포토시 광산의 운영권을 따낸다느니 하는 소문이 무성했다. 그해 6월 말에 주가는 드디어 1,000파운드를 넘어섰다.

아이작 뉴턴도 당한 남해 거품 사건

주가 급등세는 오래가지 않았다. 루머는 사실이 아닌 것으로 판명 나고, 프랑스에서 벌어진 미시시피 회사 거품의 진상이 알려졌다. 투자자들이 제정신을 차리게 된 것이다. 주가 폭락 속도는 상승 속도에 비례했다. 9월에 주가는 연초 주가인 150파운드대로 떨어졌다. 남해회사 주식을 산 사람들은 엄청난 손해를 보았다. 주식담보 대출을 내줬던 은행, 금 가공업자들이 파산 위기에 몰렸다. 많은 귀족들도 손해를 보았다. 특히 뇌물을 먹은 관료들은 지탄의 대상이 되었다. 재무장관 에이슬레이비를 비롯해 고위관료들은 탄핵을 받았고, 어떤 고위층은 실망해 자살하기도 했다.

과학자 아이작 뉴턴(Isaac Newton)도 남해회사에 투자해 한때 7천 파운드의 평가이익을 남기기도 했지만, 끝내 2만 파운드를 잃었다. 요즘 돈으로 20억 원에 해당하는 돈이다. 뉴턴은 "천체의 움직임은 계산할 수 있어도 인간의 광기는 도저히 알 수가 없다"고 말했다. 그러나 이익을 낸 사람도 있었다. 작곡가 게오르크 프리드리히 헨델(George Frederic Handel)은 남해 주식 매매로 얻은 이익으로 왕립 음악아카데미를 설립해 자신의 음악 활동의 거점으로 삼았다.

돈 때문에 일어난
설탕 노예

"돈은 새로운 형식의 노예 제도로, 기존과 다른
것은 노예에 대해서 아무런 인간적인 관계를 갖
지 않는 비인격적인 데 있다." - 톨스토이

경제의 역사에서 대항해시대는 매우 중요하다. 콜럼버스가 대서
양을 가로질러 아메리카에 도착하면서 시작된 엄청난 변화이다.
대항해시대의 대표적인 교역이 설탕이다. 콜럼버스의 신항로 발
견은 중요한 사건이다. 이를 계기로 역사상 처음으로 유럽, 아프
리카, 아메리카 세 대륙 간 무역이 이루어진 방향을 따라가면 삼
각형처럼 생겨서 삼각무역이라고도 불린다.

두 지역이 필요한 상품을 교환하는 걸로 끝나는 것이 아니라
다른 지역을 한번 거쳐 돌아 거래가 이루어졌다. 그만큼 교역망이
다양하게 만들어진 셈이다. 유럽, 아프리카, 아메리카는 서로 다

른 상품에 특화하고 있었다. 유럽은 아프리카에 직물과 무기를 비롯한 제조업품을 수출했고, 아프리카는 아메리카에 노예를, 아메리카는 다시 유럽에 설탕과 담배 등을 수출했다.

대항해시대 때에는 인류의 가장 추악한 과거 중 하나인 노예무역이 대규모로 이루어졌다. 당시 유럽인들은 아프리카에서 제조업품을 판매한 대금으로 노예상들에게서 노예를 사들였다. 이들을 대서양 건너 아메리카에 팔았고, 그 대금으로 아메리카에서 설탕, 담배, 인디고, 면화 등 유럽엔 없던 작물들을 구매했다. 최종적으로 이 상품들을 유럽에서 비싼 가격에 팔았다. 참혹한 노예무역의 시작된 것이다.

무역의 역사는 폭력으로 얼룩져 있는데 그중에서도 가장 부끄러워야 할 부분이다. 당시 노예를 상품으로 생각해서 조금이라도 더 많이 실어 나르기 위해 배에 빈틈없이 빽빽하게 노예를 배치했다. 그리곤 선상 반란을 막기 위해 발목은 족쇄로 묶었다. 토사, 용변, 땀으로 뒤범벅된 노예들은 옴짝달싹하지 못하고 대략 2개월을 버텨야 했다. 정말 생지옥이었다.

달콤한 설탕과 맞바꾼 참혹한 노예무역

대항해시대 이래 이렇게 끔찍한 방식으로 아메리카에 팔려 온 노예 수가 약 1,100만 명에 이른다. 항해 도중 감염병이나 굶주림 등으로 사망한 수가 전체의 10~20%로 추정되니까, 애초에 아프리카를 떠난 노예의 수는 적어도 1,200만 명 이상으로 추정된다. 그런데 이렇게 많은 사람이 왜 필요했고, 아메리카로 데리고 갔을까? 여러 가지 이유가 있었지만 가장 큰 이유는 설탕을 만들기 위해서였다. 설탕이야말로 노예무역을 일으킨 결정적 이유다.

1450년에서 1900년 사이에 대서양을 건넌 아프리카인 가운데 약 1/3이 카리브해 연안으로 이동했다. 아메리카 대륙과 쿠바, 도미니카공화국으로 둘러싸인 바다였다. 콜럼버스가 아메리카를 발견했을 때 처음 도착한 곳이다. 1년 내내 날씨가 따뜻해서 열대성 작물이 잘 자라기로 유명하다. 대표적인 작물이 사탕수수이다. 많은 노예가 여기로 이주했던 가장 큰 이유는 이 지역에 대규모 사탕수수 농장이 있었기 때문이었다. 사탕수수를 수확하고 줄기 부분에 있는 당을 가공해서 설탕을 만드는 노동에 투입됐다.

설탕을 만들게 하려고 노예를 보낸 건데 왜 바다를 건너면서 아프리카 노예들을 데려올 필요가 있었을까? 유럽인들 입장에서는 아메리카 원주민을 노예로 부리는 게 더 쉬웠을 테지만 몇 가지 이유가 있었다. 먼저, 당시 빠르게 확산된 감염병 때문에 아메리카 원주민 인구가 크게 감소했다. 유럽인들이 전파한 천연두,

홍역, 발진티푸스 등으로 아메리카 원주민들이 대거 사망하자 유럽인들은 부족해진 일손을 아프리카 노예로 대신하려고 했던 것이다.

대항해시대 이후 유럽인들의 식문화가 다양해진 점도 노예무역이 필요해진 중요한 배경이었다. 차, 코코아, 커피 등이 이때 유럽에서 큰 인기를 끌었다. 유럽인들은 음료에 설탕을 넣어 먹는 데 중독된 것이었다. 각종 음료에 설탕을 타 먹는 게 부를 과시하는 수단으로 자리를 잡으면서 영국 상류사회에서는 괴기한 유행이 번지기도 했다. 파티에 치아 주위를 검게 칠하고 오는 사람들도 생겨났다. 설탕을 너무 많이 먹은 탓에 충치가 생겼다고 자랑하려고 했다. 설탕의 인기가 이 정도로 치솟았으니, 노예무역의 규모 또한 계속 커질 수밖에 없었다.

마지막으로 설탕의 제조 공정 자체가 상당히 많은 노동력을 요구했다. 금방 굳어버리는 당의 특성 때문에 빠른 속도가 생명이었고, 그 과정도 복잡했다. 사람 키를 훌쩍 넘는 커다란 사탕수수를 베어내 잘게 분쇄하고, 가열실로 운반해 팔팔 끓이고, 불순물을 제거해 설탕 결정으로 만드는 건 위험하고 손이 많이 가는 일이었다.

유럽인들이 먹을 설탕 때문에 많은 아프리카인들이 희생당한 것이다. 참 씁쓸한 역사이다. 노예들의 열악한 처우는 아랑곳하지 않고 유럽에서 설탕의 인기는 식을 줄 모르고 높아만 갔다. 그 기회를 틈타 큰돈을 벌어보려는 일부 유럽인들은 플랜테이션 농업을 빠르게 확산시켰다. 플랜테이션은 서구인의 돈과 기술을, 노동자가 값싼 노동력을 제공하는 대규모 농장을 말한다. 사탕수수와 면화가 플랜테이션 농업으로 재배되는 대표적인 물품이다.

거대한 규모보다 더 중요한 것은 플랜테이션의 운영 방식이었다. 서구인들은 토지와 생산 시설, 노동력을 제공해 줄 노예를 잔뜩 사들여 대규모로 설탕을 생산하기 시작했다. 그렇게 만든 설탕은 처음 투자한 돈의 몇 배를 벌어들였다. 설탕 플랜테이션의 구조를 자세히 보면 결국 대규모 자본을 활용한 자본주의적 생산방식이다. 이전까지는 찾아볼 수 없었던 방식이다.

물론 이전에도 상품을 생산하려면 어느 정도 자본이 필요했다. 하지만 대부분 인구가 농업에 종사하는 농업 중심 경제였으므로 상품 생산 규모가 그리 크지 않았다. 전통 사회에서는 대부분 사람이 생존하기 위해 생산했고, 직접 사용하기 위해 교환했다. 그런데 자본주의 사회에 들어와서는 타인의 욕망을 충족시키기 위한 생산이 본격화됐다. 즉, 시장에 내다 팔기 위한 생산, 이윤을 얻기 위한 사업이 본격화된 것이다. 사탕수수는 그걸 재배하고 수확한 사람들을 먹여 살리기 위해서가 아니라 오로지 수천 킬로미터 떨어진 유럽에서 판매될 목적으로 생산되었던 것이다.

사탕수수를 길러서 설탕으로 만들어내는 일련의 과정은 인류가 오랫동안 해온 농경보다는 근대식 공장의 생산 라인에 비슷했다. 엄격한 통제와 규율 속에 노동력이 대규모로 투입됐고, 생산 과정의 분업과 특화도 이루어졌다. 설탕 플랜테이션을 최초의 근대적인 공장으로 보는 시각도 있다.

결국 이 모든 게 돈을 바탕으로 한 국제무역 때문에 일어났다. 유럽과 아메리카 대륙 간 길이 열리면서 전례 없는 교역이 시작된 것이다. 인류에게 풍요를 가져다준 자본주의가 사실은 폭력적인 방법으로 시작되었다. 이 모든 것은 돈에 대한 일그러진 탐욕에서 출발한 것임을 다시 일깨워준다.

돈이 가져온
파멸의 역사

> "나라에 이로운 일이라면 목숨을 바쳐 다할 뿐
어찌 개인의 화복에 따라 그것을 피하거나
급히 쫓으리오." - 임칙서

19세기 들어 영국은 자국 상품의 판매시장을 청나라에서 찾으려 했는데, 가장 큰 문제는 광둥 무역체제였다. 광둥 무역 체제하에 서는 대외무역이 광저우 한 항구에서만 허락되었다. 청나라의 허가를 얻은 공행(公行)이라는 독점적 상인 길드를 통해서만 무역이 가능했다. 영국은 공행의 자의적인 관세 부과와 외국 상인의 무역에 대한 제한 및 무역항의 제한을 무역 신장의 장애로 여겼다.

차 한 잔으로 시작된 아편전쟁

따라서 아편전쟁에 이르기까지 영국은 여러 차례 사신들을 파견하여 광둥 무역체제를 바꾸고 무역을 확대하고자 했지만, 청나

라는 매번 이를 거부했다. 한편 영국은 차 수입을 결제할 은이 부족해졌다. 이에 영국은 은의 지불 없이 차를 수입할 방안을 모색했다. 결국 찾은 대체 수출품이 아편이었다. 즉 인도에서 재배한 아편을 무역 상인이 청나라에 밀수출하여 벌어들인 은으로 청나라의 차를 수입한 것이었다.

1820년대 후반부터는 아편수입으로 인해 청나라가 은의 유입국에서 유출국으로 바뀌었다. 청나라 내에서 아편이 확산되면서 여러 가지 문제를 불러일으켰다. 빈민층의 아편 흡입은 농촌경제의 파탄과 구매력의 상실을 가져왔고, 관료와 병사의 아편 흡입은 국가의 기능을 마비시켰다. 또 은의 유출량이 커짐에 따라 은값이 오르게 되자, 은으로 조세를 납부해야 하는 농민들의 부담은 커졌다. 조세 미납 사태가 일어나고 재정 궁핍이 초래되었다.

이렇게 아편중독의 만연과 은의 유출로 인해 청나라가 정치적, 사회적, 경제적 위기에 직면하게 되자 조정에서는 이를 타개하기 위한 대책을 논의했다. 황제는 아편 흡입을 아예 금지하자는 엄금론의 주장자인 임칙서를 광둥에 파견하여 아편문제를 처리하도록 했다. 1839년 3월 광저우에 도착한 임칙서는 단호한 조치를 바로 취했다. 청나라인 아편 관련자의 처벌은 물론이고 외국인 아편 소지자에게도 아편과 서약서의 제출을 요구했다.

외국상인들의 미온적인 반응에 대해 외국 상관을 무력으로 봉쇄하여 아편을 몰수하고 파기했다. 영국 상인들은 서약서의 제출을 거부한 채 마카오로 철수했다. 영국 정부는 10월 원정군 파견을 결정했다. 한편 주룽(九龍)에서 술에 취한 영국인 선원들에게 청나라 농부가 살해되는 사건은 전쟁 발발의 또 다른 계기가 되었다. 무역 감독관 찰스 엘리엇이 임칙서가 요구한 범인의 인도를 거부했다. 임칙서는 8월 16일 마카오를 무력으로 봉쇄했으며, 57가구의 영국인들은 포르투갈의 압력으로 홍콩과 주룽 사이의 바다로 이주했다. 9월 4일 압박 해제를 요구하러 주룽에 갔던 엘리엇의 함대와 청나라해군 사이에 충돌이 일어나 첫 발포가 일어났다. 이어서 11월 3일에서 양국 해군 간의 전투가 벌어졌다. 결과는 청나라가 참패했다. 이로써 선전포고 없이 전쟁이 시작되었다.

제1차 아편전쟁의 결과 난징 조약이라는 불평등조약이 체결되었다. 난징 조약의 요점은 홍콩의 할양, 광저우·샤먼·푸저우·닝푸·상하이 등 5개 항구의 개항, 개항장에 영사 설치, 배상금 지불(2,100만 달러), 공행상인 폐지, 관세 협의, 양국 관리간의 대등한 문서왕복 등이었다. 영사재판권이 규정되었고, 최혜국대우조건이 추가되었다. 미국과 프랑스도 난진 조약과 유사한 망하조약(1844년 7월 3일), 황푸조약(1844년 8월 14일)을 맺었다. 황푸 조약에서 프랑스는 개항장에서의 포교권을 규정했다.

이로써 청나라는 관세자주권의 상실, 영사재판권, 최혜국대우 등의 규정을 통해 서구 열강과의 불평등한 조약체제에 편입되었다. 홍콩의 할양이라든가 5개항의 개항은 청나라진출 기반의 확보를 의미했다. 이들 조약은 서구 열강의 제국주의적 침략의 발판이 되었다. 개항한 5개 항구에 군함을 파견하거나 순찰할 수 있다고 규정함으로써 외국 군함이 청나라 영해에 자유로이 진입하게 되었다. 개항장에 땅을 빌려 집을 짓고 영원히 거주할 수 있게 함으로써 영사 재판권의 확보함으로써 청나라 사회의 반식민지화 기반이 닦인 셈이었다.

1차 아편 전쟁 이후 광동을 중심으로 한 민중들이 영국 배척 운동과 영국 측의 조약 개정 요구가 제2차 아편 전쟁의 배경이 되었다. 영국 배척 운동의 원인은 영국인들의 오만과 위기의식의 팽배였다. 가장 대표적인 영국 배척 운동은 대규모로 장기에 걸쳐 일어난 영국인들의 광저우 입성 저지운동이었다. 불평등조약 체제의 출현에도 불구하고 제1차 아편전쟁의 주요인이었던 청나라에서의 무역이 뜻대로 성장하지 않자, 자국의 공업제품 수출을 증대시키기 위해 청나라 내지 깊숙이 진입하고, 북쪽 항구를 개방시킬 필요를 느꼈다.

이를 위해 청나라와의 조약개정을 위한 활동을 벌렸으나, 청나라가 이에 응하지 않았다. 외교상의 교섭으로도 입성에 실패한 영국은 다시 청나라를 무력으로 굴복시킬 필요성을 느끼게 되었고, 무력을 사용할 빌미를 찾고 있던 중 애로호 사건이 일어나서 제2차 아편전쟁이 발발하게 되었다.

역사상 가장 추악한 아편전쟁

1856년 10월 8일 광저우 앞 주장 강에 정박하고 있던 범선 애로호에 청나라 관헌이 올라가서 청나라 승무원 12명을 해적혐의로 연행해갔다. 애로호는 청나라인 소유의 배로, 선원도 청나라인이지만, 선장이 영국인으로 선적을 홍콩에 두고 있었다. 광저우의 영국 영사는 승무원을 즉각 송환하고 배에 걸려 있던 영국 국기를 함부로 내린 것에 대해 사과할 것을 요구했다. 양광 총독은 당시 배에 영국 국기가 걸려 있지도 않았고, 청나라인 소유의 배이므로 영국이 나설 이유가 없다고 일축했다.

사실 배의 선적등록 만기가 지나서 영국 배가 아니었는데도 이 사실을 숨긴 채 영국 영사가 교섭에 나선 것을 보면, 영국이 의도적으로 이 사건을 전쟁의 빌미로 삼으려 했다는 것을 알 수 있다. 그리하여 청나라측이 승무원들을 모두 영국 영사관으로 보냈는데도 영사는 접수를 거부했으며, 이튿날 돌연 영국군이 광저우를 공격하고 총독관저에까지 침입함으로써 전쟁이 발발했다.

프랑스는 1856년 광시성에서 불법적으로 포교하고 있던 선교사가 청나라 관리에게 처형된 사건을 빌미로 삼아 영국과 공동으로 군대를 파견했다. 미국과 러시아도 조약개정교섭에는 참가하기로 했다. 1857년 12월 12일 양광 총독을 포로로 잡아갔다. 투항한 광둥, 순무를 내세워 광저우에 약 3년 동안 괴뢰정권을 세웠으나 청나라는 이를 관망했다. 당시 청나라는 태평천국의 난으로 혼란에 빠진 상태라 제대로 된 대응을 하지 못하고 당했다. 영국과 프랑스 연합군은 1858년 톈진을 점령, 또 다시 불평등 조약인 톈진조약을 맺게 되었다. 톈진조약은 개항의 확대와 보상, 기독교 공인, 아편무역 합법화, 외국상인인 외국인의 자유로운 활동 등의 일방적인 내용이었다. 청나라가 난징조약 이후, 또 하나의 불평등 조약의 굴욕을 맛보게 되었다.

여기까지가 우리가 말하는 아편 전쟁의 이야기이다. 하지만 이후 전쟁은 끝나지 않았다. 중국은 이후 다시 한 번 싸웠지만 패배했다. 열강들의 세력은 베이징까지 진출하게 되었고, 결국 베이징조약을 맺게 된다. 참 파란만장한 중국 근대사이다. 가장 부도덕한 전쟁으로 불리는 아편전쟁. 아시아를 지배했던 중화사상 뿌리를 뒤흔든 이 전쟁은 단순한 전쟁 이상의 흑역사로 기록되어 있다. 결국은 아편전쟁도 영국이 청나라에게서 돈을 벌기 위해 벌인 추악한 전쟁이었다.

3장,
달러의 대약진과
돈의 미래

브레턴우즈 협상을 통해
기축통화가 된 달러

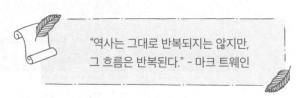

"역사는 그대로 반복되지는 않지만,
그 흐름은 반복된다." - 마크 트웨인

19세기는 영국의 시대, 20세기는 미국의 시대라고 불린다. 제2차
세계대전 후 미국은 세계 공업 생산량의 절반을 차지했을 뿐 아
니라 전 세계 금의 3/4을 끌어 모았다. 이로써 미국 1강 체제가 구
축되었다. 달러가 진정한 의미에서 세계 경제에서 중심적인 역할
을 하기 시작한 것은 제2차 세계대전 이후라고 할 수 있다. 달러
가 세계에서 지배적인 역할을 할 수 있도록 하는 체제를 이끌어
낸 것은 제2차 세계대전이 끝나갈 무렵에 브레턴우즈에서 열린
한 회의였다. 이 회의가 열린 장소를 따서 브레턴우즈 체제라 부
른다.

미국이 브레턴우즈 체제를 주도할 때 미국은 국내적, 국제적 요인을 고려해야 했다. 미국은 국내적으로는 산업들 사이의 이해 관계, 계급들 사이의 세력 관계를 고려해야 했다. 국제적으로는 미국의 압도적인 경제력을 활용할 수 있는 유리한 방향이 무엇인지 고민해야 했다. 브레턴우즈 협상에 가장 직접적으로 영향을 준 사건은 1929년 세계 대공황이었다. 1929년 대공황 이후 노동자들의 불만이 극에 달했다.

1917년 러시아 혁명의 성공이 끼친 영향은 미국 사회를 혁명적인 분위기로 만들어 놓았다. 보수적인 지식인들조차 미국이 붕괴할 것처럼 보였다고 한다. 이러한 상황에서 케인즈의 대표 저서인 《일반 이론》이 출판되었다. 이 책의 주장들은 나중에 브레턴우즈 협상에도 큰 영향을 미쳤다. 케인즈는 《일반 이론》을 마무리하는 장에서 그가 지향하는 사회철학에 대해 설명했다. 거기에서 케인즈는 우리가 살고 있는 경제사회의 두드러진 결함이 "완전고용을 실현하는 데서 실패하고 있는 것"과 "부와 소득을 제멋대로 불평등하게 분배한다는 점"이라고 설명했다.

이러한 결함을 해결하는 정책으로서 케인즈는 소비와 투자를 늘리는 과제를 설정했다. 그런데 소비와 투자는 저절로 늘어나지 않았다. 이 때문에 정부의 기능을 확장하는 것이 필요하다고 케인즈는 생각했다. 정부가 소비와 투자를 늘리기 위해 적극적으로 역할을 해야 한다는 것이었다. 그렇게 하는 것만이 기존의 경제가 파괴되는 것을 피하는 유일한 길이라고 케인즈는 믿었다.

이처럼 대공황 이후에는 노동에 대해서 어느 정도 양보해야 할 필요성, 산업자본의 회생을 위해 금융자본을 억압해야 할 필요성, 국가가 적극적으로 역할을 해야 할 필요성이 인정되는 분위기였다. 이러한 사회 분위기는 브레턴우즈 협상 시까지 이어졌다. 제2차 세계대전이 끝나갈 무렵 미국의 경제력은 압도적이었다. 유럽의 주요 나라들이 전쟁 과정에서 많은 피해를 봤다. 그 반면 미국은 직접적인 피해는 피할 수 있었고, 거기에다 유럽에 전쟁 물자를 댄 미국 기업들이 크게 성장했기 때문이다. 제2차 세계대전이 끝나고 5년이 지난 시점의 상대적인 경제력을 보면 미국은 선진국 총생산의 58%를 차지했다.

금환본위제로 기축통화가 된 달러

미국은 대외적인 측면에서 미국이 가진 압도적인 생산력을 브레턴우즈 체제를 통해 세계 경제를 지배하는 영향력으로 바꾸는 데에 관심을 가졌다. 당시 미국의 근본 이익은 상품 수출 시장을 최대한 확보하는 것, 전략적인 중요성을 갖는 원료를 확보하는 것, 이를 위해 어디에든 자유롭게 투자할 자유를 얻는 것, 무엇보다 세계적인 수준에서 달러의 유통을 보장하는 것에 있었다.

미국은 브레턴우즈 체제가 미국의 근본 이익에 공헌하는 메커니즘으로 가능하기를 기대했다. 브레턴우즈 체제에서 핵심을 차지하는 것은 달러의 역할과 관련된 것이었다. 브레턴우즈 체제의 특징은 금을 세계 표준화폐로 삼되, 당시 대부분의 금을 미국이 보유하고 있는 현실을 감안하여, 달러에도 표준화폐의 기능을 부여하자는 데 있었다.

미국에서는 금 1온스가 35달러로 정해져 있었다. 이를 국제적으로 확장하여, 미국은 외국의 통화당국이 35달러를 가져오면 금 1온스를 내준다는 약속을 했다. 이렇게 해서 달러를 국제통화로서 금처럼 사용할 수 있게 하려는 것이 미국의 의도였다.

"돈에 가치를 부여하는 금이 미국에 제일 많이 있으니, 달러가 당연히 기축통화가 되어야 한다."

미국은 이처럼 주장하면 제2차 세계대전 후 전 세계 돈의 질서와 시스템을 완성했다. 각국의 통화는 달러와 교환되어야만 비로소 금과 교환이 가능해지고, 통화로서도 간신히 체면을 유지할 수 있다는 전 세계 돈의 시스템이었다.

금본위제는 영국에서 1817년에 수립된 이래, 1870년대에는 주요 나라들이 이를 뒤따르면서 국제체제로 구축되어 1914년(제1차 세계대전)까지 이어졌다. 금본위제도가 무너지기 직전인 1913년, 영국의 금 보유고는 3,750만 파운드였는데, 발행 통화량은 9억 9,100만 파운드에 이르렀다. 그럼에도 영국은 금 태환 요구를 별로 받지 않았다. 그 이유는 영국의 금융시장이 발달해 있었고, 세계 경제가 런던 금융시장을 중심으로 돌아가고 있었기 때문이다.

금환본위제도는 제1차 세계대전 이후 1922년에 영국, 프랑스, 이탈리아, 벨기에 등의 정부 대표들이 참석한 가운데 열린 제노바 회의에서 영국의 파운드를 금과 함께 각국 중앙은행의 대외준비자산으로 추가하기로 결의함으로써 성립되었다. 달러의 지위와 관련해서 브레턴우즈에서 합의된 내용은 제노바 합의에 따른 금환본위제를 참고로 한 것이었다. 차이가 있다면 파운드의 금 역할은 일시적인 것이지만, 달러의 금 역할은 시기 제한이 없는 것으로 간주되었다. 1971년 이후 달러를 대외 준비금으로 쌓아야 했고, 이로써 달러의 지위는 특권 수준으로 올라갔다.

또한 브레턴우즈에서는 조정 가능한 고정환율제를 도입했다. 이는 여러 나라들 사이 차익을 노린 자본 이동의 자유를 제한함으로써 금융의 팽창을 억제하고, 이를 바탕으로 국내에서 국가의

확정적 재정 정책, 노동에 대한 일정한 타협적 포섭이 가능하도록
한 것이었다. 곧, 브레턴우즈 체제는 국내적으로는 노동에 대해
어느 정도 양보를 보장하고 산업자본을 보호하는 것이었다. 게다
가 국제통화로 기능하는 달러의 발행을 통해 미국이 얻게 될 이
득을 구조화시키는 데 있었다. 요약하자면 브레턴우즈 협상을 통
해 미국은 세계 기축통화로서 우뚝 서는 계기가 되었고, 세계 경
제의 패권을 차지하게 되었다.

금본위제 폐지로 세계 경제에 충격을 안긴 닉슨 쇼크

"인간은 패배했을 때 끝나는 것이 아니라 포기했을 때 끝나는 것이다." - 리처드 닉슨

20세기 초 미국 달러에는 지금은 찾아볼 수 없는 '달러를 금으로 교환해준다'는 뜻의 'Dollars in gold'라는 문구가 적혀있었다. 화폐 가치를 금과 연동하는 금본위제가 적용되던 시기의 모습이었다. 달러가 일종의 금 교환증 역할을 한 것이다. 영국은 1819년 세계에서 처음으로 금본위제를 도입했으나, 당시 금과 함께 화폐의 기능을 하던 은의 가격이 상승하자 은화를 녹이는 사태가 발생했다. 자연스럽게 금화가 통화시장에 남았다. 미국은 1900년부터 금본위제를 시행했다. 금을 보유한 만큼만 화폐를 발행해야 하는 금본위제가 세계적으로 통용되기 시작한 것이다. 그러나 금본위제의 원칙은 경제 위기가 닥치면서 무너졌다. 1929년 사상 유례

없는 대공황이 결정적 계기였다. 경제 위기를 타개하기 위해 공격적인 통화정책이 필요했던 각국은 금 보유량으로 화폐 발행량을 제한하는 금본위제를 족쇄로 여기고 폐기에 나선다. 뉴딜정책으로 유명한 프랭클린 루스벨트 전 미국 대통령도 금본위제를 포기했다. 금본위제는 1944년 브레턴우즈 체제가 확립되면서 부활했다. 이로써 세계대전을 거치고 초강대국이 된 미국은 달러를 앞세워 기축통화국이 되었다.

달러를 금으로부터 해방시킨 닉슨 쇼크

금본위제는 1971년 8월 15일 끝내 역사 속으로 사라졌다. 미국은 각국에 달러와 금의 태환을 자제해달라고 요청했다. 하지만 달러 환율이 떨어지자 손해 보기를 싫어한 유럽 각국은 달러와 태환해달라는 요청을 멈추지 않았다. 이러한 요구에 계속 응해야 하는 미국 경제는 이러지도 저러지도 못하는 상황에 빠지게 되었다. 특히 미국을 괴롭힌 문제는 소련·중국과의 대리전 양상을 띠었던 베트남 전쟁에서 비용을 대느라 국고가 바닥을 드러낼 지경이었다. 1971년이 되자 미국이 가까운 미래에 '달러를 절하하지 않을 수 없을 것이다'라는 예측이 나오면서 투기성을 띤 달러 매도의 움직임이 활발해졌다. 설상가상으로 유럽과 일본의 수출 공세에 무역 적자마저 쌓여갔다.

세계는 미국의 금 지급 능력을 의심하기 시작했다. 세계 유일의 금본위제 화폐인 달러의 지위가 뿌리째 흔들렸던 것이다. 프랑스가 먼저 움직였다. 달러를 들이밀고 금을 대거 교환해가자, 영국도 동조할 조짐을 보였다. 당시 국제 금시장의 현물가격은 온스 당 50달러를 넘었다. 미국이 35달러에 금 1온스를 교환해주니 달러를 금으로 바꿔 국제시장에 내다 팔면 이보다 손쉬운 장사가 없었다. 다급해진 리처드 닉슨 대통령은 일요일이었던 8월 15일 긴급 TV 기자회견을 열고 금 태환 정지를 전격 선언했다. 1944년 미국 주도로 제2차 세계 대전 이후 세계 경제 질서를 재편한 브레턴우즈 체제가 붕괴하는 순간이었다. 당시 미국의 선택지는 두 개였다. 첫 번째는 금 교환 비율을 국제 시세에 맞추는 것이고, 두 번째는 금본위제를 포기하는 것이었다. 첫 번째 선택을 하면 투기 세력에 재차 공격당할 우려가 커서 닉슨 행정부는 두 번째 선택을 했다. 달러 패권을 지키기 위한 초강수였다. 이때부터 달러 지폐에서 'Dollars in gold' 문구가 사라졌다. 세계 경제는 한순간에 아수라장으로 변했다. 당장 인플레이션 공포부터 덮쳤다.

물가상승률이 두 자릿수를 넘는 닉슨 쇼크가 터졌다. 달러 가치는 하락했고, 금 가격은 급등했다. 금이 인플레이션을 헷지할 수 있는 투자처로 각광받기 시작했다. 가치 변동성이 낮은 안전자산이란 믿음 속에 금은 포트폴리오의 핵심 구성 요소로 자리 잡았다. 더욱이 닉슨쇼크는 오일쇼크의 도화선이 되었다. 금과 달러 간 연결고리가 끊어지자 달러 가치는 떨어졌고, 금값은 치솟기 시작했다. 산유국들은 원유를 팔아 달러를 벌어봤자 예전만큼 충분한 금을 살 수 없게 되자 원유 가격 인상 카드를 만지작거렸다. 석유수출국기구(OPEC)은 1973년 10월에 원유 고시 가격을 17% 인상한 것은 사실상 달러 가치의 하락분 만큼 올렸다고 볼 수 있다.

오일쇼크의 직접적인 원인은 중동 국가 간 전쟁이지만 닉슨쇼크를 가능하게 했던 실질적 배경이 되었다. 원유 가격이 오르면 모든 물가가 오른다. 물가가 오르니 소비는 줄어들었다. 오일쇼크가 터진 세계 경제는 내리막길로 치달았다. 경기는 침체 됐는데 물가만 계속 오르는 불황, 즉 스태그플레이션이 이때 악명을 떨쳤다. 이 시점에서 전 세계 화폐 가치를 안정시키기 위한 새로운 방안을 마련해야 했다.

달러가 계속 기축통화의 지위를 유지할 방법을 찾는 데만 골몰했다. 그 방법은 최대 산유국인 사우디아라비아의 동의를 얻어 석유를 오로지 달러로만 거래하는 세계적 틀을 만드는 것이었다. 금본위제를 대신하는 석유본위제인 셈이다. 미국은 원유의 달러 결제를 이끌어냄으로써 달러 패권을 지켜냈다.

대공황으로 시작된 블록 경제

> "우리가 진정으로 두려워해야 하는 것은 두려움 그 자체이다. 이것은 우리의 힘을 후퇴하도록 하는 주범이다." -프랭클린 루스벨트

제1차 세계대전 이후 세계 경제는 자본주의 발달과 그에 내재한 모순이 복합적으로 나타나는 양상을 보였다. 1929년에는 미국의 주가 폭락을 계기로 세계가 대공황에 직면하였다. 나라마다 실태와 시기가 조금씩 다르지만, 대공황은 1929년부터 1933년에 걸친 한 번도 일어나지 않았던 최대 공황이었다. 그에 대응해 영국과 프랑스 등이 세계 경제를 블록화 하는 이른바 블록 경제를 형성했다.

미국은 뉴딜이라는 수정 자본주의 정책을 실시했다. 한편 독일, 이탈리아, 일본 등은 파시즘 국가로서 영토 확장에 몰두하였다.

결과적으로 대공황을 거치면서 제1차 세계대전 이후 잠시 안정되었던 세계가 무너지고, 세계는 다시 양분되어 제2차 세계대전을 겪어야 하는 상황이 되었다.

제1차 세계대전 이후 파리 강화회의와 베르사유 조약으로 불안전하게나마 국제 정치가 안정되었다. 경제적으로 1920년 공황이라는 조정이 있었지만, 유럽과 달리 전쟁을 통해 막대한 이익을 얻은 미국이 상승 국면으로 접어들어 세계 경제를 주도했다. 그 배경에는 무엇보다 자본 수출과 국내 투자의 확대 등이 있었다. 미국의 호황과 대외 투자를 배경으로 세계 경제가 상대적으로 안정되었다.

하지만 미국의 영원한 번영을 꿈꾸며 주식 투기가 생기게 되면서, 특히 자동차·가전·건축·철강 등의 산업에서 과잉 생산이 일어났다. 당시 미국은 호황이지만 구조적 실업과 더불어 농업·방적업·피혁·석탄·조선 등의 산업이 불황이었다. 소비와 수요의 확대에 한계가 있었다. 결국 과잉 생산은 재고 확대, 생산 축소, 기업 도산과 실업자 증가 등으로 이어져 주가 변동을 초래하였다.

전 세계에 큰 영향을 끼친 대공황과 뉴딜 정책

1929년 9월부터 미국에서 주가가 폭락해, 10월 24일 뉴욕 월

스트리트 증권거래소가 대혼란에 빠졌다. 주식이 최악으로 떨어진 '암흑의 목요일(Black Thursday)'이었다. 이후 위기감이 증폭되며 주가가 2개월 만에 40% 이상 급락했다. 공업은 물론 농업과 금융 등 경제 전반이 위축되었다. 미국 사회가 공황 상태에 빠졌다. 공황 이전과 비교해 1933년에는 주가가 약 80% 폭락하고, 공업 생산이 평균 1/3 이상 감소했으며, 1만여 개의 은행이 문을 닫았다. 대량 실업으로 실직자가 약 1,200만 명에 이르러 당시 미국의 25%가 실직 상태였다.

미국의 공황은 일차적으로 과잉 투자 및 생산에서 비롯되었는데, 공업을 시작으로 농업과 금융 등 경제 전반에 확대되었다. 전례 없는 장기간 불황이 이어졌다. 이는 세계 경제의 메커니즘에 따라 독일, 영국, 프랑스 등에 연쇄적으로 영향을 주었다. 이어서 그들과 긴밀하게 연관된 남아메리카, 동남아시아, 유럽 각국으로 확산되었다. 미국의 공황을 시작으로 강국과 빈국 모두에게 크나큰 영향을 미치는 세계 대공황이 전개된 것이다.

일본 역시 서구 각국에 비해 정도는 덜했지만, 대공황의 영향으로 불황에 빠졌다. 당시 일본은 은행 경영의 불안으로 금융 공황을 겪은 후, 강한 디플레이션 정책을 실시하고 있었다. 정부는 제1차 세계대전 중 정지한 금본위제로 복귀하기 위해 긴축 정책으로 바꿨다. 1930년 금 수출을 허가했다. 환율 안정에 기초해 산업을 합리화하고 국제 경쟁력을 높이는 동시에, 금본위제의 경기 조절 기능으로 경제를 정상화시키려고 한 것이다. 하지만 대공황과 맞물려 정화(正貨)인 금이 대량으로 유출되었다. 주가와 물가가 폭락했다. 기업 도산으로 실업이 증가하는 한편 국제수지가 크게 악화되었다. 특히 미국 수출이 급감해 생사 가격이 폭락했다. 연쇄적으로 다른 농산물 가격도 떨어져 이른바 농업 공황이 벌어졌다. 쌀의 경우, 디플레이션 정책과 풍작, 조선 등으로부터 유입으로 인해 가격 하락의 피해가 무척 컸다. 따라서 쌀농사와 양잠을 중심으로 하던 일본 농촌은 큰 타격을 입었다.

한편 조선에서는 1910년대 식민지에 대응한 경제구조로 재편되었다. 1920년대 총독부가 산미증식계획을 중심으로 산업정책을 추진하였다. 이를 통해 쌀 생산이 늘었지만, 생산량 증가 이상으로 많은 쌀이 일본으로 수출되어 지주제 하의 농업과 농민은 파탄에 이르렀다. 수출된 쌀은 일본의 식량 문제와 국제수지 대책에 활용되었는데, 대공황 시기에는 오히려 쌀값 하락을 초래하였다.

주목할 점은 대공황을 계기로 자본주의 근간이던 금본위제가 무너지고 경기 순환의 흐름이 작동하지 않게 된 것이다. 사실 자본주의는 호황과 불황을 순환하며 발전했고, 20세기 들어서 금융 자본의 확대를 배경으로 주기적으로 공황이 일어났다. 그런데 대공황 이후 세계 경제는 장기간 불황을 회복하지 못하고, 자본주의 회복력을 상실했다. 자본주의 체제의 모순이 드러났다. 각국 경제가 유기적으로 관련되며 자본주의 모순이 세계로 확산된 것이라 할 수 있다.

한편 정치경제학의 관점에서는, 영국과 프랑스 중심의 세계 체제가 제1차 세계 대전으로 무너지는 한편 미국이 패권국이 되는 과정에서 대공황이 발생하였다. 당시 미국은 새로운 패권국으로서 통화정책을 준비하지 못했다. 오히려 투자 자금을 거둬들여 세계 각국의 유동성을 없앴다.

대공황의 위기에 먼저 1931년 영국이 금본위제를 정지했다. 자국의 산업을 보호하기 위해 수입관세를 인정하는 한편 저금리 정책을 실시하였다. 영국과 프랑스 등은 연방국 및 식민지를 동일 통화권의 블록으로 설정했다. 특혜 관세를 부과하는 이른바 관세 협정을 맺었다. 아울러 제3국에 대해 높은 관세율 등을 적용해 관세 장벽을 만들고 통상조약을 파기했다. 다른 블록과의 무역을 차단했다. 이른바 블록 경제라는 보호 무역의 체제를 만들었다.

그 결과 1929년과 1933년을 비교하면, 국제 무역액이 약 1/3로 줄었다. 블록 경제는 자국 산업을 보하는 데 중점을 두었다. 그러다 보니 세계 무역을 위축시키고 나아가 경제 규모 자체를 축소시키는 악순환을 가져왔다. 미국 역시 높은 관세를 부과해 수입을 규제하는 등 보호 무역을 실시했다. 범아메리카 회의(Pan-America Conference)를 통해 달러 블록을 결성하였다.

하지만 경제 회복은 순조롭지 않았다. 상대적으로 당시 사회주의 체제는 순조롭게 성장하고 있었다. 소련의 경우 국가가 소비와 생산을 계획하는 경제 구조에 기초해, 중공업 생산량이 네 배 이상 성장했고 실업률은 제로에 가까웠다. 이에 사회주의의 계획 경제에 관심을 가진 지식인들도 생겨났다. 한편 영국의 경제학자 존 케인스는 대공황에는 금융정책보다 소비를 직접 증대시키는 재정지출 정책이 효과적이라고 강조했다. 구체적으로 감세와 공공 투자 등을 통해 투자를 늘리고, 유효수요를 회복시켜야 한다고 했다. 국가가 적극적으로 개입해 수요를 늘려야 한다는 주장이었다.

1933년에는 미국 정부가 새로운 경제정책인 뉴딜(New Deal)을 실행했다. 정부는 먼저 금융을 안정시키고, 단기간에 경기 회복과 고용 확보를 위한 정책들을 만들었다. 400만 고용의 창출을 목표로 대규모 공공사업 등을 실행하는 한편, 농업 부문의 생산을 조정했다. 노동시간 단축과 최저 임금의 확보에 관여하고 노동자 권리를 확대했다. 그것은 무분별한 과잉 생산을 막고, 수요를 늘리기 위해 노동자의 소득을 안정시키는 것으로 이어졌다. 또 미국 정보는 연방긴급구제국을 설립하고 최저 생계비를 지급했다. 이것은 대공황에 대응한 최초의 구제기관으로, 이후 사회 보장제도가 발전하는 계기가 되었다.

정부가 전면적으로 개입해 대공황이라는 위기를 수습하면서, 미국은 대공황의 늪에서 조금씩 빠져 나왔다. 당시 대통령인 프랭클린 루스벨트는 뉴딜 정책으로 인해 사회주의자라는 공격에 시달렸다. 자본주의 체제의 문제를 해소하는 이른바 수정 자본주의 정책을 유지했다. 사실 제1차 세계대전 이후 여러 국가에 보통선거제가 실시되었다. 대중의 정치적, 경제적 요구가 강해지는 한편 러시아 혁명 이후 사회주의가 확산되는 상황이었다. 자본주의 국가는 실업 대책 등 사회 개혁을 실시하지 않을 수 없었다.

대공황으로 등장한 히틀러

전례 없는 세계 공황으로, 제1차 세계대전 이후 경제 기반과 금융 시스템이 약해진 유럽의 국가들은 한층 더 곤경에 처해졌다. 독일의 경우, 막대한 배상금을 지불해야 하는 상황에서 미국 등 외국 투자에 의존해 경제를 유지하였다. 따라서 미국에서 시작된 대공황이 미친 영향은 컸다. 게다가 1931년 독일과 오스트리아의 관세동맹을 베르사유 조약 위반이라고 비판하며, 프랑스가 오스트리아에서 자본을 회수하였다. 그로 인해 유럽 전체에 금융 위기가 일어났고, 독일에서는 준비금 부족으로 은행이 파산했다. 기업들이 줄지어 도산했으면 경제가 파탄에 빠졌다.

불안한 독일 사회는 보다 강력한 지도자가 나타나 문제를 해결해 주기를 원했고, 사회주의 확산에 공포를 느낀 자본가와 중산층도 동조했다. 이에 국가사회주의 독일 노동자당, 즉 나치스의 아돌프 히틀러가 주목을 받기 시작하였다. 1921년 나치스의 당수가 된 히틀러는 독일 민족 지상주의와 국가주의에 기초해 반민주·반공산·반유대주의를 내걸었다. 제1차 세계대전의 패배로 짓밟힌 독일의 자존심을 회복하자고 외쳤다. 그의 주장에 독일인들은 열광했다. 나치스의 지지율이 급상승하고 독일 전역으로 나치즘이 확산되었다.

사실 그 배경에 국제사회가 독일의 배상금을 조정해 감축하는 과정, 즉 영 플랜(Young Plan)이 도리어 독일의 반발을 불러일으킨 측면도 있었다. 대공황의 영향으로 1932년 독일 노동자의 42%가 실업자로 전락하자, 이듬해 히틀러가 수상에 임명되었고 독재 체제를 구축하였다. 히틀러 집권 이후 독일은 단기간에 실업이 줄어들고 경제는 공황에서 벗어나는 듯 보였다. 그러나 1933년 국제 연맹에서 탈퇴한 뒤 모든 경제를 군비 확장에 집중하고 영토 확장에 몰두하였다.

이탈리아의 경우, 제1차 세계대전의 승전국이었지만 영토를 크게 획득하지 못한 채 심각한 재정난에 처했다. 이미 경제 혼란이 가중되어 사회 불안이 높아진 상황으로, 대공황의 직접적인 영향은 오히려 적었다고 할 수 있다. 1921년 베니토 무솔리니가 군인, 자본가, 지주 등의 지지를 얻어 국가 파시스트당을 결성하고, 이듬해 고대 로마의 영광을 재현한다는 명분을 내세워 로마로 진군하는 쿠데타를 일으켜 정권을 잡았다.

이후 이탈리아 역시 단기간 경기를 회복했지만, 1920년대 후반에는 독재 체제를 확립하고 노동조합, 언론, 종교 등 사회 전반을 통제하였다. 대공황으로 실업자가 증가하고 재정 지출이 늘어나자, 산업 통제와 국유 기업화를 적극적으로 실행하였다. 대외적으로 1937년 베르사유 체제의 타파를 주장하며 국제연맹을 탈퇴하고 에티오피아와 알바니아 등을 침략했다.

한편 일본은 대공황 시기에 우선 긴축 재정을 유지하며 산업 합리화를 추진하였다. 정부는 임시산업합리국을 설치해 산업의 정리, 통제, 생산 기술과 관리 방법의 개선, 산업 금융의 개선, 국산품 애용 등을 추진하였다. 이어 중요산업통제법을 공포하고 기업 간 카르텔과 트러스트를 조성하였다. 각 지방에 대해서도 생산과 유통 과정의 합리화를 강제하고, 정신 교화를 강조하는 이른바 자력갱생 운동을 전개하였다. 그런데 이러한 경제 전반의 합리화 정책은 노동, 농민 운동을 격화시켰다. 독점자본의 강화와 그로 인한 사회 모순이 점점 커졌다.

이에 1931년 일본은 영국에 이어 금본위제를 포기하고, 엔화 약세와 함께 무역을 확대하였다. 이를 통해 서구 열강에 비해 일찍 경기를 회복했지만, 그 과정에서 서구의 블록 경제와 대립하는 측면이 있어서 열강들의 비판과 제약을 받았다. 이후 일본은 만주 침략과 만주국 건설 등으로 아시아에서 세력권을 확장하고 식민지 및 종속지역과의 무역을 급속히 확대하였다. 1934년에는 만주국의 화폐를 엔화와 연동시키고, 만주지역을 일본 경제권으로 편입함으로써 대공황 이전의 GDP 수준으로 회복하였다.

결과적으로 일본은 만주사변 등 군수 경기를 통해 대공황을 극복하고, 국제연맹을 탈퇴해 영토 팽창에 몰두하였다. 주목할 점은 이런 변화가 일본 자본주의의 전환과 긴밀하게 연관되는 것이다. 즉 일본은 중공업을 강화하고 점차 전시경제 체제로 나아가는데,

그 배경에는 타이완과 조선, 관동주 및 만주국을 포함시킨 경제구조의 재편이 있었다. 그 영향으로 일본과 식민지 및 종속지역 간의 무역이 크게 증대되었고, 세계 무역에서 동아시아 무역의 비중이 커졌다. 일본은 식민지 및 종식지역에까지 블록 경제를 구축하였다.

1930년대 중반 일부 국가는 블록 경제와 수정 자본주의 정책으로 경기를 회복했다. 한편, 사회주의와 전체주의 국가는 산업 통제와 국가 개입을 통해 공황에서 벗어났다. 하지만 그 과정에서 독일, 이탈리아, 일본 등이 국제연맹에서 탈퇴하면서 제1차 세계대전 이후 군축과 국제협조 노선이 무너졌다. 그런 점에서 세계 대공황은 제2차 세계대전의 불씨가 되었다. 실질적으로 대공황 이후 만성 불황이 이어졌다. 그 영향이 제2차 세계대전까지 이어졌다. 미국도 제2차 세계대전에 이르러 군수 지출을 통해서야 대공황의 그늘에서 벗어날 수 있었다.

단일 통화로
통합된 유럽

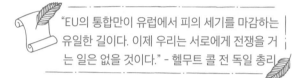

"EU의 통합만이 유럽에서 피의 세기를 마감하는 유일한 길이다. 이제 우리는 서로에게 전쟁을 거는 일은 없을 것이다." - 헬무트 콜 전 독일 총리

역사적 맥락에서 유로라고 하는 통화동맹은 제2차 세계대전 이후 대략 세 번의 계기를 통해 구체화 되었다. 첫 번째는 1958년 유럽 경제 공동체의 탄생이고, 두 번째는 1971 미국 달러의 금 태환 정지와 변동환율제의 이행이고, 마지막 계기는 1989년 베를린 장벽 붕괴와 독일의 통일이라고 하는 너무나 잘 알려진 역사적 계기다.

1945년 이후 유럽에서 일어난 중대 사건 및 변화는 모두 전쟁에서 시작되었다. 경제동맹과 통화동맹도 마찬가지였다. 결국 전쟁방지와 평화라는 유럽인들과 정치지도자들의 정치적 동기가 경제동맹과 통화동맹을 서두르는 데에 중대한 영향을 준 것이었다. 즉, 순수하게 경제 논리의 자연스런 결론으로 유럽 통화동맹과 유로화 탄생을 해석할 수 없다.

세계의 많은 국가가 변동 환율제로 이행해 경제가 불안정해지자 지역 통합을 추진하던 유럽 각국은 통화 통합 움직임을 강화했다. 각국의 금융정책 자립성을 희생해 단일 통화의 편리성을 추구했다. 통화를 통일하면 통화를 거래하는 비용을 절약할 수 있고, 환율 변동을 걱정할 필요가 없어진다. 유럽 각국은 통화 안전성을 선택했다.

유로 탄생의 첫 시작은 종전 후 가장 먼저 형성된 유럽석탄철강공동체이다. 이 역시 독일의 재무장을 억제하려는 프랑스와 전후 상실된 국제적 영향력을 제고하려는 독일의 이해가 맞았다. 여기에 유럽공동시장의 창출을 통해 경제적 효과를 기대한 이탈리아와 베네룩스 3국이 가세하면서 1951년 파리조약에 따라 유럽석탄철강공동체가 만들어졌다. 이를 토대로 1958년 오늘날 유럽연합(EU)의 전신이라고 할 유럽경제공동체(European Economic Community)가 탄생한다. 이처럼 유럽 경제 공동체를 설립했던 1958년부터 이미 통화위원회가 만들어지면서 환율에 대한 이해관계를 조정하기 시작했다.

유럽 국가들이 제대로 통화와 환율 문제를 심각하게 고민하기 시작한 것은 1971년 닉슨 미국 대통령이 달러에 대한 금 태환 정지를 선언하고 1973년 국제적으로 변동 환율체제로 들어갔던 시점이다. 금 1온스 당 35달러로 고정한 전후 고정 환율체제인 브레턴우즈체제가 붕괴했던 때이다. 1960년대까지는 유럽 각 국가들의 통화가 달러와의 연동이 안정되면서 유럽 통화들 사이의 연동도 안정되었기 때문에 특별히 환율을 조정할 필요가 없었다.

금 태환 정지 후 가치하락으로 미국 달러의 변동성이 심해지자 프랑스의 프랑, 독일의 마르크 등 유럽 국가들 사이의 환율 관계가 불안하게 변동할 가능성이 높아졌다. 이에 따라 유럽 국가들 사이의 상품 수출 변동성이나 자본유출입 변동성이 커지면서 유럽 공동시장의 경제가 불안정해졌다. 특히 독일과 프랑스 사이에 환율 변화는 유럽 내부의 수출 경쟁력, 실업률, 경기회복, 정부 예산균형 등에 다방면으로 영향을 미쳤다.

유로, 하나의 시장, 하나의 통화

1970년대부터 프랑스와 독일을 중심으로 새로운 변동환율체제에 대응한 환율조정협의를 거듭하다가 1979년 유럽통화제도(European Monetary System)라는 이름 아래 부속제도인 환율조정제도(ERM, Exchange Rate Mechanism)를 구축하여 운영에 들어갔다. 지금 보면 복수 바스켓 통화시스템과 유사하다고 할 수 있다. 유럽 국가들이 복수 개의 주요 통화를 기준으로 위 아래로 2.25% 이내에서 각국의 환율 변동 폭을 협의하여 조정하는 시스템을 구축했다.

하지만 환율조정제도는 1992년 파운드에 대한 투기 공격으로 파운드 가치가 폭락하면서 영국이 탈퇴하고, 이어 이탈리아도 탈퇴하는 등 수난을 겪었다. 그럼에도 불구하고 유로화가 탄생한 1999년까지 20년 동안 독일과 프랑스를 포함한 유럽 공동체의 환율과 통화 조정 메커니즘으로 작동해 왔던 유로의 중요한 제도였다.

독일의 통일은 유럽 통합과 단일 통화에 대한 논의를 되살려 낸 결정적 계기가 되었다. 통일 이후 독일을 평화적으로 유럽에 편입시키는 일이 긴급해진 것이다. 통화 동맹은 정치적 결속을 위한 가장 강력한 수단으로 간주되었다. 이런 차원에서 보면 처음부터 통화동맹은 경제적 프로젝트 이전에 정치적 프로젝트였다. 결국 정치가 통화 동맹을 이끌어냈다.

베를린 장벽이 무너지고 헬무트 콜 독일 수상이 통일계획을 발표하기 전인 1989년, 유럽 통합에 대한 들로르(Jacques Delors)

보고서가 제출되었다. 이것이 논의의 기초가 되었다. 그런데 1970년 베르너 보고서와 다른 차이점이 있었다. 재정적 특권을 침해하는 단일 세법이나 양도법을 주장하지 않았다. 또한 유럽경제공동체의 예산을 크게 증액하자는 주장도 달지 않았다. 이러한 양보는 정치적으로 유용했다. 그러나 향후 심각한 문제들을 초래하게 되었다. 재정통합의 부재였다.

통일이 확정된 다음부터 독일 정부의 태도는 강경해졌다. 그들은 유럽중앙은행이 연방체제로 운영되어야 하고, 회원국의 재정적자를 지원하는 규모를 제한해야 하며, 물가 상승률과 재정적자 및 국가부채의 감소를 참여조건으로 정해야 한다고 주장했다. 그들이 정한 GDP 대비 재정적자와 국가부채의 상한적은 각각 3%와 60%였다. 또한 환율도 안정시켜야 했다. 재정통합이 안 된 상황에서 마련했던 안전장치였다. 하지만 이는 긴축정책의 강요로 이어져 현재도 최고의 논쟁 지점이 되고 있다.

어쨌든 마스크리트 조약으로 통화동맹을 위한 기본 틀이 확정된 후, 일찍이 베르너 보고서부터 제안되었던 3단계 경제 통화통합 방안에 따라 1단계 자본거래 자유화(1990년 7월), 2단계 유럽통화기구 설립(1994년 1월), 3단계 단일통화 도입(1999년 1월)의 수순을 밟아 1999년 1월 유로화가 탄생하게 되었다.

특히 1990년대는 미국의 경제 안정으로 인해 강한 달러를 추구했는데, 이는 유럽 국가들로 하여금 수출 경쟁력을 높여주었다. 경제성장이 가속화되면서 재정 부담이 줄어들었고 통화동맹에 가입하기 위해 재정적자를 GDP의 3%로 제한하기로 약속한 시기인 1997년 유럽 국가들은 강력한 경제 성장을 이어갔다. 이와 같은 1990년대 유럽 경제의 좋은 조건 속에서 비로소 유로가 탄생할 수 있었다.

유로화 탄생의 역사와 관련하여 하나만 더 짚어본다면 영국이 왜 빠졌는가 하는 점이다. 정치, 사회적 측면에서 유럽연합에 대한 영국의 시각을 표현한 개념이 "영국은 유럽과 다르다"는 주권 의식으로부터 발전한 유럽 회의론이다. 이 용어는 영국 언론이 1980년대 대처정부와 유럽집행위원회 사이의 각종 대립관계를 보도하면서 처음 사용되기 시작했다. 이런 개념이 영국에서 자리한 배경에는 2차 세계 대전 이후 대륙 유럽 국가들과 영국이 처한 위치가 달랐기 때문이라는 평가도 있다.

즉, 2차 세계 대전 이후 유럽대륙 국가들의 경우, 전후 복구를 위한 상호협력 및 통합이 절실했으나 영국은 식민지 및 영연방을 통해 전 세계에 대한 영향력을 유지했으며, 미국과의 특별한 관계도 지속되었던 역사적 차별성이 있다는 것이다.

아시아의 시대가 오고 있다

"가난은 폭력의 가장 나쁜 형태이다."
- 간디

전 세계의 공장이라 불리던 중국의 산업구조 개편으로 아세안 국가에도 새로운 바람이 불고 있다. 팬데믹 상황 이후, 인건비 상승과 더불어 산업 구조의 변화가 제조업 중심에서 서비스업 중심으로 바뀌고 있다. 이에 따라 중국 시장에 진출한 다국적 제조업 기업 중 상당수가 아세안 국가로 넘어오고 있다. 이러한 상황에서 아세안에 대한 투자의 전진기지로 인도네시아를 활용하고 있다. 그 이유는 인도네시아가 아세안 내 총생산(GDP)의 약 35%를 차지하고 있기 때문이다.

인도네시아를 비롯한 아세안 지역은 세계의 각축장이 되고 있다. 일본, 호주 등의 국가들은 이미 아세안 지역에 오래전부터 적극적인 지원을 아끼지 않고 있다. 한국도 민간기업들의 적극적인 투자가 이루어지고 있다.

아세안은 2015년 12월 EU 수준의 경제적 통합을 목표로 아세안경제공동체(AEC, ASEAN Economic Community)를 출범하였다. 해마다 아세안과 동아시아 3국(한국, 일본, 중국)은 경제장관회의와 정상회담을 가지고 있다. 이들 회의에서 아세안-동아시아 경제연구소(ERIA, Economic Research Institute for ASEAN and East Asia)는 한 해의 지역 경제를 분석, 전망하고 공동으로 추진할 정책을 기획하는 역할을 하고 있다. 일본 정부의 재정지원으로 운영되고 있지만, 아세안 회원국의 경제정책 수립도 지원하는 국제기구로 발전하고 있다.

2006년 쿠알라룸푸르에서 개최된 아세안-일본 경제장관회의에서 일본은 아시아의 경제발전과 협력을 연구하고 기획하는 싱크탱크의 필요성을 주장하며 설립을 추진하여 2007년 동아시아정상회의(EAS, East Asia Summit)에서 공식적으로 ERIA를 출범하였다. ERIA는 아시안 역내·외 정부회의에 참석하여 연구결과를 발표할 뿐만 아니라 아세안의 여러 기구에 참여하여 아세안을 위한 어젠다를 기획하고 있다. EAS는 2005년 아세안 10개국과 한·

중·일·호주·뉴질랜드·인도 6개국이 참여하는 동아시아 정상회의체로 출범한 이후 2011년에 미국과 러시아가 추가로 참여하여 현재의 형태로 발전했다. EAS 참여 국가를 중심으로 각 국의 연구기간, 대학과 네트워크를 운영하며 아시아의 OECD로 발전하고 있다.

아세안은 풍부한 자원과 인구로 높은 성장잠재력을 가지고 있다. 그러나 낙후한 인프라와 인적 자본으로 경제발전은 정체되었다. ERIA는 아세안 후발 가입국 캄보디아, 미얀마, 라오스 등의 에너지 기본계획을 수립해주었고, 기초 자료 조사를 위한 기반도 조성해주었다. 이런 정책 연구의 결과는 세계은행(World Bank)과 아시아개발은행(Asia Development Bank) 등 국제기구와 함께 이들 국가의 부족한 에너지 인프라를 지원하는 개발협력사업으로 적극 연계하고 있다. 현지 정부와 전문가를 적극적으로 활용하여 부족한 상황에서도 의미 있는 성과를 창출했다.

우리나라와 아세안의 관계는 가까웠지만, 미·중 무역 분쟁과 글로벌 공급망 단절이 발생하면서 그 중요성은 점차 높아지고 있다. 우리나라 국가적 위상이 높아지면서 아세안으로부터 한국의 시장참여와 지원을 확대해달라는 요청도 늘어나고 있다. 우리는 글로벌 중추 국가로서의 첫 시대를 아세안에서 맞이하고 있다. 정책적인 협력사업은 한순간에 그 효과가 나타나지는 않는다. 하지만 분석의 결과들과 기초자료들이 축적되면 될수록 그 효과는 커지고 오랫동안 지속될 수 있다. 민간 기업들의 경우 단기간의 영업이익을 위해 지역을 옮겨 다니며 이익이 높게 실현되는 곳에 투자할 수밖에 없다. 하지만 당장의 이익이 아니더라도 중장기적 전략이나 국가의 이익을 위해서 필요한 협력사업이다.

아시아가 바꿀 미래

'아시아 시대: 다극 체제의 대두' 보고서의 내용에 따르면 제2차 세계대전 후 경제적 대변환을 이끈 세 번의 물결이 있었다. 첫 번째 물결 일본, 두 번째 물결 싱가포르·한국·홍콩·대만의 동아시아 네 마리 용, 세 번째 물결은 중국이다. 그런 네 번째 물결은 어디일까? 아세안이다. 아세안 후발주자로서 이젠 세 개 물결들로부터 노하우, 금융, 각종 자원을 갖고 있다는 장점이 있다.

아시아 시대, 아시아 세기는 어제 오늘 일이 아니고 일본에 이어 중국이 뜨고 인도가 잠재력이 있다는 얘기가 나오면서 줄곧 있었던 말이다. 그러나 아세안이 네 번째 물결의 핵심이고 아시아 시대를 견인하고 있다는 말은 처음이다. 아시아의 대두, 성장의 핵심 세 가지 요인은 첫째, 향후 10년간 현재 20억 명 중산층이 35억 명으로 늘어 글로벌 경제를 견인한다는 것이다. 두 번째는 AI, 5G, IoT 등 4차 산업혁명, 디지털 대전환을 아시아 정부, 기업들이 서구 기업보다 앞서가고 있다는 점이다. 마지막은 기후 변화 영향의 최전선에 있는 아시아가 재생에너지, 배터리, 전기차 등 클린 기술을 선도하고 있기 때문이다.

이러한 요인들로 인하여 아시아 시대가 오고 있으며, 이로 인해 다극 체제가 대두되고 있다고 한다. 2040년이면 세계 GDP와 소비의 40%가 아시아이고, 이중 아세안이 상당 부분 차지하고 있다면서 아세안 시대를 전망한다. 한국과 아세안이 외부, 특히 미·중관계 등 큰 외부의 변수가 있지만 미·중이 타협점을 모색하고 다자체제로 나아간다면 전망은 밝다.

21세기를 아시아의 시대가 될 것이라고 예측하는 이유는 일련의 디지털 혁신을 통해 유례없는 에너지가 분출되고 있다. 그러한 에너지의 주체인 아시아 소비자들의 특징은 4M으로 설명할 수 있다.

첫 번째, 밀레니얼 세대(Millennial Generation)이다. 아시아에는 8억 명의 밀레니얼 세대가 살고 있다. 미국의 6,600만 명, 유럽의 6,000만 명과 대조를 이룬다. 그들은 낙관적이고 대담한 사고 방식에 힘입어 빠른 속도로 세계에서 가장 열렬한 소비자가 되고 있다. 신흥시장 밀레니얼세대의 65%는 부모세대보다 더 나은 삶을 살 것을 기대한다. 반면 선진국 밀레니얼세대의 65%는 부모세대보다 더 못한 삶을 예상한다.

두 번째, 중산층(Middle Class)이다. 아시아 전역에서 수억 명의 사람들이 새로 중산층에 진입했으며, 이는 거대한 규모의 구매력을 의미한다. 투자의 관점에서 볼 때 한 가지 핵심적인 중국 소비자 트렌드는 로컬 브랜드에 대한 선호이다. 맥킨지 조사에서 현재 중국인들은 가전제품과 개인용품을 포함하여 선정된 17개 카테고리 중 15개에서 국산 브랜드를 선호하는 것으로 확인됐다. 아시아는 다음 10억 중산층 소비자 10명 중 9명을 차지할 것이다. 대부분은 중국, 인도, 동남아시아에 거주할 것이다. 2025년까지 아시아태평양지역 중산층의 소비자 지출은 나머지 세계의 총합을 초과할 것으로 예상된다. 그것은 소비 지향적 산업과 거대한 성장 잠재력이 존재한다는 것을 의미한다.

세 번째는 대도시(Metropolitan)이다. 아시아의 성장은 도시화의 진전으로 가능해진다. 노동자들이 꿈을 이루기 위해 도시로 몰려들고 있기 때문이다. 오늘날 아시아에서 인구 백만이 넘는 도시는 300개가 넘는다. 반면 미국은 10개, 유럽은 18개에 불과하다. 아시아의 높은 인구 밀집도는 기업이 성장하기에 이상적인 환경을 제공한다. 규모의 경제를 통한 성장의 선순환을 촉진하면서 더 빠르고, 더 저렴하고, 더 혁신적인 제품과 서비스로 발전하기 때문이다. 대표적인 예를 들면 중국의 차량호출 앱 디디추싱은 현재 활동 중인 운전자가 3,000만 명으로 우버보다 10배 더 많다.

네 번째, 모바일 연결성(Mobile-enabled)이다. 아시아에는 40억 명이 넘는 핸드폰 가입자와 20억 명이 넘는 인터넷 사용자가 있다. 다른 어느 지역보다도 더 큰 규모이며, 소비자 기술 산업에 거대한 확장성을 제공한다. 알리바바 및 위챗과 텐센트 등 다른 테크 그룹들은 전자상거래, 차량호출, SNS 기능, 심지어는 보험 서비스까지 결합된 슈퍼앱을 통해 이러한 소비자 에너지를 이용하기 위해 혁신적인 길을 개척해 나가고 있다. 인도에서는 릴라이언스 지오가 모든 인도인들에게 부담 가능한 통신 서비스를 제공하겠다는 목표를 추구하고 있는 가운데 대륙 내 가장 먼 곳까지 사업을 확장하고 있다.

세계의 부의 중심축을 아시아로 오기에 좋은 환경이 마련된 이러한 시기에 필요한 것은 통화의 단일화이다. 통화 단일화라는 말은 통화정책의 독립성 상실이라는 뜻이기도 하다. 아시아의 통화 단일화는 향후 30~40년에 걸쳐 이루어져야 한다. 또 그렇게 된다 하더라도 유럽 형태와는 다른 통화 단일화가 될 가능성도 있고,

일의 전개방식을 예측하기란 어렵다.

지난 1,500년간을 살펴보면 아시아는 기본적으로 상업 국가였다. 모든 일이 시장과 기업에 의해 결정된다. 따라서 향후 10~20년 동안에 시장이 어떻게 발전하느냐가 관건이다. 유럽과 미국의 경우는 국가가 중요한 역할을 했다. 많은 일들이 국가와 제도, 정치적 결정에 의해 이루어진 것이었다. 하지만 아시아의 경우는 시장과 기업, 민간부분에 의해 결정된다.

그렇다면 앞으로 20~30년 동안 민간부문은 어떤 모습으로 발전하겠는가? 대다수 아시아 기업들의 본사가 베이징이나 상하이에 소재하게 될 것이다. 많은 가능성이 있지만 아시아는 유럽형의 통화 통합을 이룰 것이라고 장담할 수 없다. 아시아의 통화 단일화는 유럽의 형태와 다른 아시아만의 방식이 될 수도 있다.

기술 발전이
탄생시킨 화폐

"비트 코인은 잘 알려져 있지만 거의 이해가
되지 않습니다." - 앤더슨 쿠퍼

최근 2022년 5월에 루나 코인 사태로 인해 암호화폐 시장에 큰
난리가 났다. 하지만 비트코인을 대표로 암호화폐 열풍이 들었었
고, 요즘은 누구나 카카오페이, 네이버페이 등을 일상적으로 사용
할 만큼 전자화폐가 보편화되었다. 특히 지난 2022년 1월에 한국
은행이 CBDC 발행 및 유통 실험의 성공을 알리면서 디지털 경
제 체제의 가속화를 예고했다. 점차 실물화폐의 자리를 대체하고
있는 디지털 화폐의 종류에 대해서 알아보자.

암호화폐와 블록체인기술

암호화폐(Crypto currency)란 블록체인이라는 암호화 기술을 사용하는 민간 디지털 화폐를 말한다. 비트코인, 이더리움, 대시, 리플 등이 암호화폐이다. 실제 돈과 가치가 연동되는 전자화폐나 가상화폐와는 달리 암호화폐의 가격은 수요와 공급에 따라 끊임없이 변화하며, 관리의 주체가 되는 중앙관리기관이 따로 없다는 것이 특징이다. 암호화폐의 핵심기술인 블록체인은 누구나 열람 가능한 장부에 디지털 통화의 거래 내역을 기록하고 이를 복제해 여러 대의 컴퓨터에 동시에 저장하는 분산 데이터 저장 기술이다.

새로운 거래가 발생하면 그 정보를 별도의 블록으로 만들어 기존 장부에 체인 형태로 연결한다. 블록체인 기술은 강력한 보안이 가능하다는 장점이 있다. 그러나 성사된 거래를 취소하기 어렵고 문제 발생 시 책임 소재가 모호하다는 단점이 있다.

가상화폐(Virtual Currency) 역시 실물 없이 거래가 가능한 온라인 결제 수단이다. 다만 발행 주체가 금융회사나 전자금융업자가 아닌 기업이며, 발행 기업의 서비스 내에서만 통용된다는 점에서 전자화폐와는 차이가 있다. 예를 들어 A 쇼핑몰의 쿠폰을 B 쇼핑몰에서 사용할 수 없는 것처럼 말이다. 또한 가상화폐는 전자화폐와 달리 현금화가 불가능하다. 하지만 해당 서비스 내에서는 현금과 동일한 가치로 사용할 수 있다.

대표적인 가상화폐는 게임 머니, 인터넷 쿠폰, 모바일 쿠폰, 싸이월드 도토리 등이 있다. 가상화폐의 발행 규모는 발행 주체인 각 기업이 자율적으로 관리할 수 있다. 때에 따라 암호화폐라는 단어와 구분 없이 사용되기도 한다.

전자화폐(Electronic Currency)란 실물이 아닌 정보 형태로 전자 기기에 저장된 돈을 말한다. 온라인 결제수단인 카카오페이, 네이버페이, 삼성페이 등이 대표적이다. 간혹 디지털 화폐(Digital Currency)라는 단어와 혼용되기도 하지만, 전자화폐는 디지털 화폐 중에서도 발행 주체가 금융회사나 전자금융업자인 경우를 말한다. 전자화폐를 발행한 금융회사가 현금이나 예금과 동일한 가치로 교환을 보장한다. 전자화폐에 내 계좌를 연결해두면 온라인 상에서 손쉽게 거래가 가능하다. 예를 들어 네이버페이 1만 원으로 실제 1만 원짜리 물건을 살 수 있다. 현금을 네이버페이로 충전해 두거나 네이버페이를 다시 계좌로 송금해 인출할 수 있다.

NFT(Non Fungible Token, 대체 불가능 토큰)란 디지털 자산에 고유의 코드를 부여해 복제품과 차별성을 갖는 토큰을 말한다. 주로 예술품, 게임 아이템 등의 디지털 자산의 소유권을 명확히 하는 수단이 된다. 복제가 불가능한 진품임을 보증하는 디지털 정품 인증서인 셈이다.

NFT는 비트코인 등 암호화폐와 마찬가지로 블록체인 기술을 기반으로 한다. 블록체인 주소를 삽입할 수 있는 형태이면 어떤 것이든 NFT로 제작 가능하다. 디지털 파일을 NFT로 만드는 것을 '민팅'이라 한다. NFT의 소유권과 판매 이력 등은 모두 블록체인에 저장된다. 똑같은 코인이 2,000만 개가량 발행되는 암호화폐와는 달리 NFT는 각 토큰마다 고유한 인식 값이 있어 가격이 다르게 책정되며 서로가 서로를 대체할 수 없는 것이 특징이다.

CBDC(중앙은행 디지털 화폐)는 각국의 중앙은행에서 발행하는 디지털 화폐이다. 블록체인 기술을 이용한다는 점에서 암호화폐와 유사하지만, 발행 주체가 없는 암호화폐와 달리 CBDC는 국가의 중앙은행, 즉 한국은행에서 발행되기 때문에 그 성격에서 여러 차이가 있다. 암호화폐가 실시간으로 큰 가격 변동이 이뤄지는 반면, CBDC는 중앙은행에서 화폐의 가치를 보증하기 때문에 가격 변동성이 작고 안정적이다. 수요 변화에 따라 공급을 조절할 수도 있다. 또한, CBDC의 거래 내역은 모두 블록에 기록되므로 탈세나 자금 세탁 등 화폐를 이용한 범죄를 방지할 수 있고, 도난 및 분실의 우려도 적다. 중앙은행에서 종이화폐를 발행하는 것보다 비용이 크게 절감된다.

최근 비트코인 가격 하락에 불을 붙인 것은 일론 머스크지만 그보다 더 강한 폭탄은 중국에서 왔다. 중국이 암호화폐 관련 업무를 금지했다. 수차례의 경고에도 한껏 달아오른 암호화폐 시장에 폭탄을 던진 셈이다. 중국 정부가 밝힌 이유는 암호화폐 시장의 불안정성에 대한 경고도 있지만, 2022년 동계 올림픽을 앞두고 인민은행이 발행하는 디지털화폐(CBDC), 즉 디지털 위안화가 자리 잡는 데 암호화폐가 방해가 된다는 것이다.

중국이 종이화폐를 디지털 위안화로 전환하는 과정에서 가상화폐는 적이 될 수밖에 없다. 미국 역시 달러화의 디지털 화폐화를 진행할 때, 암호화폐가 경쟁자나 훼방꾼으로 인식되어 공격받을 수 있다는 것을 미리 생각해 놓아야 한다. 중국으로서는 미국 연방준비제도이사회(FRB)가 달러화의 디지털 화폐화를 진행하기 전 미리 선수를 치는 것도 한 방법이라고 생각했을 것이다. 특히 2022년 베이징동계올림픽을 통해 디지털 위안화의 매력을 전 세계에 홍보하는 것도 한 방법이라고 생각했다.

그러나 중국은 세계에서 가장 큰 암호화폐의 채굴국이자 보유국이다. 채굴된 암호화폐는 중국의 자산가들이 자신의 재산을 해외에 은닉하는데 큰 역할을 했다. 중국 자산가들로서는 흔적을 쉽게 찾기 힘든 암호화폐를 선호하는 것은 당연했다. 더욱이 부수적으로 암호화폐 자체의 가치가 올라가는 기적을 맛보았으니, 그 선호도는 수직상승했다. 그런데 이 장점이 결국은 암호화폐의 미래를 담보하지 못하게 만든다.

　디지털 화폐와 암호화폐의 차이는 무엇일까? 무엇보다 디지털 화폐는 중앙은행이 실물화폐와 교환을 보장한다는 점에서 안정적이다. 중앙은행이 관리하는 만큼 가상화폐처럼 널뛰기도 없다. 또한 블록체인 기술과의 상관관계도 명확하지 않다. 암호화폐의 경우 대부분 블록체인 기술을 통해 관리되어 왔다. 그런데 블록체인 기술의 최대 단점은 채굴이나 관리에서 막대한 전기를 사용한다는 점이다. 일론 머스크 역시 블록체인이 소극적으로 가는 과정의 가장 큰 이유를 전기 소모라고 했다.

　중국 정부 역시 이 문제를 주시할 수밖에 없다. 그간 신장이나 네이멍구에서 채굴이 많았던 배경은 이 지역에 풍력과 태양광 등 신재생에너지가 많았다는 점에 있다. 네이멍구나 실크로드를 가다보면 철로에서 멀지 않은 곳에 수천 킬로미터에 걸쳐서 풍력 발전기가 설치된 모습을 볼 수 있다. 하지만 중국 자체의 전력 소비가 늘어나자 더 이상 방관할 수 없게 됐다. 결국 2018년에 암호화폐 채굴업체에 전기 공급을 차단하고, 암호화폐 개인 간 거래(P2P)를 금지시켰다. 하지만 전체 전력을 통제하기는 쉽지 않아서 저렴한 전력들이 암호화폐 채굴에 활용되는 상태였지만, 중국 정부가 규제를 강화하면서 지금은 중국 내에서는 해외 암호화폐 거래소나 플랫폼 접근이 불가능한 상태다.

중국은 디지털 화폐의 선점을 통해 달러화의 지배로부터 벗어나는 길을 모색하지만 성공 여부는 아직까지는 알 수 없다. 이 문제는 디지털 위안화가 기축통화의 지위를 획득해야 하는데, 단지 종이 위안화가 디지털 위안화로 바뀌었다거나 디지털 화폐 시장에서 앞서나갔다고 해서 기축통화가 될 수는 없기 때문이다. 어쨌든 이 문제와 상관없이 중국이 종이화폐를 디지털 위안화로 전환하는 과정에서 암호화폐는 적이 될 수밖에 없다.

블록체인 기술을 통한 암호화폐가 살아남기 위해서 가장 기본이 되는 것은 채굴이나 기술의 개발, 보안 등이다. 그런 점에서 중국이 이 분야에서 손을 뗀다면 세계 암호화폐 시장은 존재 기반이 흔들릴 수밖에 없다. 또한 미국 역시 달러화의 디지털 화폐화를 진행할 때, 암호화폐가 경쟁자나 훼방꾼으로 인식되어 공격을 받을 가능성이 높다.

달러의 약세로 인해
부각된 암호화폐

"누구나 그럴싸한 계획을 갖고 있다.
쳐 맞기 전까지는." - 마이크 타이슨

예전에는 친구들끼리 모이면 주식, 부동산 얘기를 했다. 그런데
최근에는 비트코인이라는 게 하나 더 늘었다. 정확히는 암호화
폐인데 그냥 '비트코인'이란 단어로 통칭된 것이다. 그도 그럴 것
이 암호화폐 시장은 대장주 '비트코인'과 비트코인이 아닌 암호화
폐 '알트코인'으로 나뉜다. 같은 코인인데도 비트코인을 화폐단위
(BTC)로 써서 알트코인 매매가 가능할 정도가 되니까 비트코인이
가히 암호화폐의 기준이 된 셈이다.

그렇다면 암호화폐는 왜 생겨나게 된 것일까? 잘 모르고 덤비
면 당하기 십상인 법이므로 암호화폐 시장에서 '쪽박'을 면하기

위해서라도 한 번쯤 개념을 짚고 넘어갈 필요가 있다. 아주 오래 전으로 돌아가 본다면 인간의 첫 경제 개념은 물물교환이었다. 내가 갖고 있는 것을 내어 주고 필요한 것을 얻는 것이다. 상호적인 경제 시스템이다. 오늘 저녁으로 먹고 싶은 고기를 친구가 갖고 있다면 내가 갖고 있는 생선과 바꾸는 것이다.

서로 교환하고 싶은 물건이 많아지면서 시장이 생겼다. 왁자지껄한 시장에서 셈법이 복잡해지자 쉽게 교환하기 위해 조개껍데기를 화폐로 삼기 시작했다. 하지만 쉬운 생산은 가치 하락을 일으킨다. 화폐로 쓰인 조개껍데기도 마찬가지다. 구하기 쉽다 보니 조개껍데기를 화폐로 정한 것인데, 사냥을 하거나 곡식을 기르지 않고 모래사장으로 가 조개만 캐서 시장으로 달려가는 사람들이 생겼다. 화폐로서 조개껍데기 가치는 훼손됐다. 화폐는 교환 가치는 있으면서 위조는 불가능해야 한다.

가치가 높고 위조는 불가능하단 점에서 금은 최고의 화폐이다. 많은 연금술사가 금을 만들어 보려 했지만 실패했다. 하지만 금에는 치명적 단점이 있다. 이동성이 너무 떨어진다. 금은 무겁기 때문에 들고 다니면서 거래하기가 쉽지 않다. 아파트를 사기 위해 부동산에 직접 금을 들고 간다고 상상해 보자. 결코 걸어서는 몇 걸음 떼기조차 힘들 것이다.

금의 단점을 보완해 각국 정보는 직접 만들어 가치를 인증하고 사회적으로 약속한 법정 화폐를 내놓았다. 법정 화폐에도 단점은 존재한다. 화폐 가치를 보장하는 정부가 흔들리면 법정 화폐의 가치도 함께 흔들린다. 자칫하면 전 세계가 흔들릴 수도 있다. 이 같은 기축통화(국제결재에서 쓰이는 통화)에 대한 의구심으로 생겨난 새로운 화폐가 암호화폐다. 암호화폐를 만드는 데는 블록체인이란 신기술이 적용되었다.

블록체인에는 정보를 저장하는 단위인 블록에 고리 모양의 체인을 계속 연결하는 정보 분산 기술이 쓰이기 때문에 누군가 임의로 특정 블록을 훼손하거나 조작할 수 없다. 암호화폐 역시 위조가 불가능하다. 암호화폐로 불리는 것도 블록체인 기술로 암호화됐기 때문이다. 암호화폐는 미래의 대체자산 중 하나로 꼽힌다.

글로벌 금융위기에 비트코인 폭등

과거 리먼브라더스 사태 등으로 글로벌 경제가 한순간에 고꾸라진 것을 목격한 사람들이 전 세계 금융시장에 대한 위험을 낮추기 위해 최신 정보기술로 만들어 낸 대안이기도 하다. 전 세계 금융시장에 공포가 드리우면 암호화폐 가치가 상승하는 것도 이때문이다. 암호화폐는 기존 화폐와 달리 실물이 없기 때문에 가상화폐라고도 한다. 다만 온라인게임 등에서 쓰이는 게임머니도 가상의 세계에서 쓰이는 가상화폐이기 때문에 암호화폐가 더 정확한 표현이다.

암호화폐는 기업에겐 새로운 투자처이자 자금 수단이 되기도 한다. 회사가 커지면 기업공개(IPO)에 나서는 것처럼 암호화폐도 암호화공개(ICO)가 있다. 자체적으로 만든 코인을 시장에 내놔 사고 팔 수 있게 하는 건데 기업이 암호화폐를 발행해 전용 거래소에 내놓는다. 국내에서는 지난 2017년 부당한 사적이익 편취를 우려하여 금지되었다. 그래서 해외에서 암호화폐를 발행해 국내외 암호화폐 거래소에 상장하는 방식이 주로 쓰인다.

회사가 주식을 발행하는 것처럼 암호화폐가 기업에게 새로운 자금 확보 수단이 된다는 입장이 있는 반면, 사기업이 한국은행도 아닌데 발권 영향력을 가지게 됐다는 우려의 목소리도 나왔다. 하지만 암호화폐 생태계 조성 등을 위해 넷마블, 컴투스를 포함한 국내외 IT기업들은 자체 암호화폐를 발생하거나 암호화폐 거래소에 상장하고 있다.

암호화폐 대장주 비트코인으로 다시 돌아가 보자. 2021년 11월 6만 9,000달러에 도달하며 역대 최고치를 찍었던 비트코인은 반토막이 나며 약세를 보이고 있다. 미국의 투자은행 JP모건 투자전

략가팀은 금보다 변동성이 네 배 높다라며 비트코인의 적정가는 현 시세보다 10% 낮은 3만 8,000달러로 평가하기도 했다. 금 대비 변동성이 세 배 수준으로 좁혀진다면 적정가는 5만 달러 수준이란 게 JP모건의 분석이다. 또한, 글로벌 금리 인상에 비트코인이 예전만큼 폭발적으로 반등하긴 쉽지 않을 것이라고 전망했다.

일각에서는 아직 기대심리도 여전하다. 실적 시즌을 맞아 미국 기업들이 시장 예상보다 높은 실적을 잇달아 내놓으면서 위험자산에 대한 투자심리가 회복되고 있기 때문이다. 코로나19 팬더믹 이후 유동성이 풍부해지고 기관투자자들도 암호화폐 시장에 진입하면서 시장이 호조를 보인 것은 지난 2021년 증명이 되었다.

암호화폐 시장의 거품 붕괴 논란은 계속 커지고 있다. 달러 약세에서도 글로벌 자금이 암호화폐가 아닌 금이나 달러 등 안전자산으로 몰리고 있기 때문이다. 이 같은 추세에 한동안 내리막길을 걷던 금도 가격 반등했고, 반대로 비트코인은 급락 중이다. 암호화폐 가격이 폭락한 것은 중국발 쇼크 때문인 것으로 풀이된다. 중국은행업협회, 중국인터넷금융협회, 중국지급청산협회는 공동으로 낸 '가상화폐 거래 및 투기 위험에 관한 공고'를 통해 "가상화폐는 진정한 화폐가 아니기 때문에 시장에서 사용해서는 안 된다"고 밝혔다.

달러가 약세를 보이는 상황에서 코인 대신 금과 달러 등 안전 자산에 대한 선호도가 높아지는 것도 암호화폐 거품 붕괴 가능성을 키우고 있다. 비트코인 가격 급락과 인플레이션 우려가 맞물리면서 금과 달러 등 안전자산 선호도는 점점 높아지고 있다. 이에 따라 인플레이션 우려가 커질 때 화폐가치 하락을 방어하기 위한 수단이 금에서 암호화폐로 넘어갈 것이라는 주장도 점차 설 자리가 없어지고 있다.

암호화폐는 기존 기축통화 달러의 위치가 흔들릴 때 가치가 상승한다. 2008년 금융위기 발생 후 암호화폐의 가치가 올라간 것을 보면 알 수 있다. 기존 통화에 대한 신뢰가 무너질 때 새로운 통화, 암호화폐에 대한 기대가 올라간다고 볼 수 있다. 달러의 약세로 암호화폐가 부각되었다.

암호화폐를 지지하는 사람들은 비트코인 가격의 상승을 보며 비트코인이 가치의 저장 수단이 됐다는 증거라고 말한다. 가치의 저장 수단은 화폐가 전통적으로 지니는 특징 중 하나다. 하지만 가치의 저장 수단은 오랜 기간 변함없는 안정된 가치를 가진다. 만약 오늘 100달러로 1주일 치 장을 볼 수 있다면, 약간의 차이는 있겠지만 1년 뒤에도 100달러로 1주일 치 장을 볼 수 있을 것이다. 그러므로 달러는 좋은 가치의 저장 수단이다. 달러의 가치는 매년 대략 2% 하락한다.

　비트코인의 경우는 이야기가 달라진다. 오늘 1주일 치 장을 본 비트코인 몇 개로 1년 뒤에는 하루 치 장만 볼 수 있게 될지도 모른다. 아니면 1년 뒤에는 식료품 가게 하나를 살 수 있을지도 모른다. 가치가 이렇게 요동치는 비트코인은 훌륭한 가치의 저장 수단이 되지 못한다. 비트코인이 지금 제일 필요한 것은 안정적인 가치이다.

4장,
디지털 화폐 시대는
어떻게 펼쳐질 것인가?

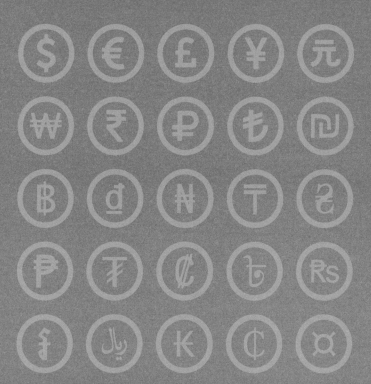

미래를 바꿀 블록체인

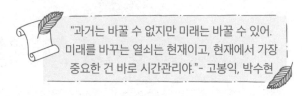

> "과거는 바꿀 수 없지만 미래는 바꿀 수 있어. 미래를 바꾸는 열쇠는 현재이고, 현재에서 가장 중요한 건 바로 시간관리야."- 고봉익, 박수현

비트코인 가격은 지금도 계속 요동치고 있다. 지금은 많이 올랐다가 떨어졌지만 전 세계적으로 대단한 히트를 쳤다. 이 암호화폐는 상장을 하자마자 전 세계로 거래가 된다. 그 점이 가장 큰 차이점이다. 미국에서 거래되는 것과 한국에서 거래되는 것은 가격이 다르다. 그래서 꽤 차이가 나는 점을 이용해서 돈을 번 사람들도 있다. 이제는 '김치 프리미엄'이라는 용어까지 나오게 됐다.

그래서 김치 프리미엄을 아는 사람들이 미국에서 사서 한국으로 보내서 한국에서 팔고, 그 돈으로 미국으로 보내서 또 산다. 이렇게 몇 번 하면서 짭짤하게 돈을 좀 챙긴 사람들도 있다. 왜 김치

프리미엄이라는 게 생겨서 미국이나 다른 나라에서 비트코인 하나에 한 2,000만 원 하던 것이 한국에서는 왜 2,600만 원까지 팔렸는지 이해가 될 것이다. 누구나 다 알고 있듯 비트코인은 인터넷상에서 지불하기 사용되기 위해서 나온 것이다. 과거에는 우리가 물물 교환을 한다가 금이나 은 이런 것들로 거래를 했었고 최근에 와서는 이런 디지털 화폐를 사용을 하게 됐다.

이런 디지털 화폐가 나오게 된 이유는 필연적이었다. 사실 돈을 만들어내는 데도 돈이 많이 든다. 유지하고 보관하는 데도 돈이 많이 든다. 결국은 비용이 많이 소요된다. 이런 문제들이 있는데도 지금 계속 이걸 사용하고 있는 상황이다. 우리나라 돈으로 은행에 가서 해외 송금을 할 때, 무역 수출을 한다든가 수입을 할 때 당연히 은행을 통해서 해외로 돈을 송금을 해야 하는데, 여기에 드는 비용도 만만치가 않다. 게다가 시간도 꽤 걸린다. 하루 이틀 내든지 나라에 따라서 다른데 1주일씩 걸리기도 한다. 그래서 비용과 소요되는 시간도 오래 걸리고 불편하다.

자녀들이 유학 간 가정은 해외 송금에 드는 불편함을 알 것이다. 특히 외국에서 온 중국이나 필리핀, 베트남, 인도네시아, 파키스탄, 이런 개발 도상국가들에서 와서 일을 하는 사람들이 있다. 이 사람들은 한 달 월급이 100만 원에서 200만 원 정도로 열악한

편이다. 이런 분들이 한국에서 일한 돈을 고국의 가족에게 송금을
하려면 거의 50%를 수수료로 내야한다. 10만 원에서 20만 원을
송금하는 데 송금 수수료가 대략 4~5만 원씩 든다는 말이다.

우리 같은 내국인은 한도금액 내에서 은행 안 가고 송금할 수
있다. 외국인들은 자기가 번 것을 갖고 세무서에 가야 된다. 세무
서에 가서 자기가 벌었던 수입을 증명해 보여줘야 한다. 세무서
에서는 100만 원 벌어서 100만 원까지 송금을 할 수 있는 확인을
해준다. 확인서를 갖고 그 은행에 가서 확인서를 보여줘야만 송금
을 할 수 있다. 이런 개발도상국에서 와서 힘들게 일하고 아껴서
송금하려고 하는데 그렇게 비용이 많이 든다. 그들은 문제를 어떻
게 해결했을까? 그래서 암호화폐가 나오게 되었고, 그것을 기술
적으로 뒷받침 한 것이 블록체인이다.

비트코인을 만든 사람은 누구인가?

2009년 사토시 나카모토라는 사람이 비트코인이라는 것을 만
들어냈다. 아직도 이 사람이 사람인지 아니면 그룹인지 아직도 밝
혀지진 않았다. 분산원장 기술논문을 발표하고 오픈소스로 제공
했다. 전 세계에서 가져가서 그걸 설치를 하고, 블록체인이라는
비트코인 네트워크 참여하는 것을 가능하게 했다. 그때만 해도 별
로 부각되지 않다가 최근 각광을 받기시작하고, 이 비트코인이 투

자 가치로서 부각이 되면서 세계적으로 주목을 받았다. 이것을 활용해 현재 많은 문제점을 해결할 수 있다고 소개가 되었다. 블록체인 기술이 적용이 되고 시범사업들이 많이 진행되면서 비트코인이 각광을 받기 시작했다. 그러면서 이게 미래 투자가 가치가 있겠구나 하면서 우리나라에도 젊은 사람들이 많은 투자를 했다. 특히 20대부터 30대 젊은 친구들이 많이 참여를 했었다.

"그럼 블록체인이라는 건 뭐냐?"

이것을 '분산 컴퓨팅 기술' 라고 얘기하는 분들도 있고, 혹자는 이것을 '분산 데이터베이스 기술' 이라고 한다. 분산 데이터베이스 기술은 지금 새로 나온 건 아니다. 몇 십 년 동안 사용 되었는데, 오라클이라든가 이런 것들도 분산 데이터베이스 기술을 사용한 것이다. 분산시켜서 데이터들을 저장하는 기술 제품들이다. 또 누군가는 블록체인을 분산 원장 기술이라고 말하고 있다. 그럼 원장(장부)이라는 개념이 잘 잡히지 않는다. 본인이 작은 가게를 운영한다고 가정해 보자. 오늘은 얼마를 팔고, 얼마를 지출했는지 공책에다 수익과 지출을 기록하는 것을 원장이라고 한다. 그 원장을 복사해서 수십 개, 수백 개, 수천 개, 수백만 개가 만들어지게하고, 그 원장을 나 혼자만 갖고 있는 것이 아니라 이 참여하는 컴퓨터 노드들이 다 갖게 만드는 것이 블록체인의 핵심개념이다.

그래서 누가 그걸 조작을 하면, 다른 사람들이 쉽게 파악을 할 수 있게 하는 기술이 분산 원장 기술이다. 그것을 블록체인, 분산 원장기술이라 부르고 있다. 기존에는 우리가 은행이라든가 관공서 등 중앙에서 집중적으로 관리했다. 우리가 은행에 가서 돈을 맡기면 은행에서 관리를 하고 중앙 역할을 한다. 블록체인은 Peer to Peer(P2P)방식으로 중앙에 관리하는 하는 사람은 사라지고, 참여하는 참여자들끼리 합의를 해서 누가 보냈는지, 누가 받는지, 아니면 누가 빌려줬는지 합의를 해 모두가 똑같은 기록을 갖고 있다. 이렇게 함으로써 블록체인이 탈중앙화 됐다.

모든 데이터는 다 공유 되어 있고 오픈 되어 있다. 그래서 내가 볼 수도 있고 참여자는 모두 똑같이 다 볼 수가 있는 것이다. 데이터들은 공개돼서 누구나 갖고 있고, 누구나 볼 수 있고, 아무나 조작하지 못하게 하는 게 블록체인의 핵심기술이다. 이 기술을 적용하면 훨씬 더 비용을 줄일 수 있고, 사기 치는 사람들을 잡아내거나 최소화 시킬 수 있는 좋은 기술인 것이다.

비트코인 채굴이란?

블록체인을 더 설명하면 레고 같이 하나씩 블록을 쌓는다는 형태로 이해하면 쉽다. 이 블록 각각이 데이터들이 담겨져 있는 것을 서클 블록이라는 체인으로 엮여졌다 해서 블록체인이라고 한다. 컴퓨터 쪽에서는 이런 개념이 오래전부터 있었고, 이걸 암호화 시키고 다른 사람이 조작하지 못하게 하는 방법들을 적용시켜서 사토시 나카모토가 만들어 낸 것이다. 블록체인에 관련된 기술은 아주 새로 태어난 것들은 아니다. 모든 거래는 똑같이 저장이 되고 암호화해서 공유를 하기 때문에 누가 이걸 수정이나 변조 했는지 금방 찾을 수 있다. 그 다음부터는 틀렸다는 것을 금방 확인할 수 있기 때문에 위·변조를 쉽게 찾아낼 수 있다. 비트코인의 거래 내역은 약 10분에 한 번씩 블록으로 묶이고, 이전의 거래 내역을 포함하고 있는 블록들과 체인으로 엮이게 된다. 이렇게 새로운 블록을 생성하는 과정을 채굴(mining)이라고 부른다.

그러나 공용 장부에도 단점은 존재한다. 전 세계의 몇 천, 혹은 몇 만 개의 컴퓨터가 장부를 관리하는데 가장 최신 버전의 장부가 무엇인지 합의하려면 중앙화 된 권력이 필요하다는 것이다. 그러나 비트코인은 중앙 권력을 사용하지 않는 합의 메커니즘을 제시하여 이 문제를 풀어나간다. 비트코인 채굴 방식은 수학과 경쟁, 그리고 경제적 보상을 사용하는 해결 방식이다. 채굴하기 위해 노드들은 복잡한 수학 문제를 풀어야 한다. 이 문제를 푸는데 약 10분 정도 걸린다.

그리고 2주마다 네트워크에 참여하고 있는 컴퓨터 파워에 따라 문제의 난이도가 조정된다. 수학 문제를 가장 먼저 풀게 된 컴퓨터는 거래내역을 담은 블록을 생성할 수 있게 되며, 이에 대한 보상을 받게 된다. 여기서 주목할 점은 모두가 그 해답의 정답 여부를 쉽게 검증할 수 있다는 것이다. 만약 채굴자가 사기를 친다면 다른 참여자들이 해당 블록을 버리게 될 것이다. 사기꾼은 보상만 놓치는 것이 아니라 해당 블록을 채굴하기 위해 사용된 자원도 낭비하게 된다. 이론적으로는 아무나 채굴에 참여할 수 있다. 하지만 현재는 수학 문제의 난이도가 높고 경쟁이 강해 채굴을 휘한 특수 컴퓨터가 몇 백대나 필요하다. 그래서 초기 투자비용이 매우 높다. 결론적으로 악의적인 노드는 기대 수익보다 손실이 훨씬 커져 사기를 칠 동기가 사라진다.

채굴은 장점은 또 있다. 채굴 자체가 매우 수익성이 좋다는 것이 증명되었기 때문에 경쟁이 생기고 있다. 이는 곧 채굴 파워의 분산, 즉 탈중앙화에 더 가까워지는 것이다. 게다가 더 많은 경쟁 때문에 비트코인의 가치가 지속적으로 커지고, 더 많은 채굴자들이 네트워크에 참여하면서 사기가 어려워진다. 채굴은 비트코인이 시스템에 추가되는 방식이기도 하다. 암호화된 문제를 먼저 푸는 노드는 거래 수수료와 새 비트코인이라는 보상을 받게 된다.

2009년 비트코인이 처음 시작되었을 때는 한 개의 블록 생성

당 50개의 비트코인을 보상받았다. 그러나 처음부터 보상량은 약 4년에 한 번씩 반감되도록 설계되었다. 따라서 현재는 블록 생성 당 6.25개의 비트코인을 보상 받고 있다. 2024년에 다시 반으로 줄어들 예정이다. 비트코인은 2,100만 개가 발행되는 순간 더 이 상 새로 생성되지 않고, 이때부터 채굴자들은 블록 생성 보상으로 거래 수수료만 받을 수 있다. 이 모든 과정은 노드의 대대수가 합 의하지 않는 한 절대 변하지 않는다. 발행량 및 속도도 마찬가지 다. 다시 말해, 비트코인은 희소성 있는 화폐. 인플레이션에 대 한 불확실성을 제거한다는 뜻이다.

비트코인 트릴레마

그러나 비트코인도 한계가 존재한다. 우선 가장 대표적인 문제 는 트릴레마(trilemma)라고 불리는 문제. 블록체인 네트워크를 포함한 모든 거래 장부는 안정성, 확장성, 그리고 탈중앙성을 모 두 가질 수 없다. 다시 말해, 두 가지를 선택하면 한 가지는 필연 적으로 포기해야 한다.

명목 화폐의 경우 매우 뛰어난 확장성과 안정성을 가지고 있 다. 하지만 완벽히 중앙화 되어 있다는 문제를 가지고 있다. 반면 비트코인은 탈중앙성을 가장 중점을 두고 만든 네트워크이다. 그 리고 안정성도 매우 뛰어나다. 그러나 확장성은 그렇지 못하다.

현재 비트코인은 평균적으로 초당 5개의 거래를 처리할 수 있다. 초당 거래량은 Transactions per Second, 즉 TPS라고 부른다. 명목 화폐 거래 시스템 중 하나인 비자(VISA)카드가 65,000 이상의 TPS를 갖고 있다. 이점을 생각하면 너무 큰 차이가 있다. 확장성 문제 때문에 비트코인이 거래를 위한 화폐보다는 가치 저장 공간으로 더 각광을 받고 있다.

스타벅스 커피 한 잔
사기 힘든 비트코인

"문맹은 생활은 불편하게 하지만 금융문맹은 생존을 불가능하게 만들기 때문에 문맹보다 더 무섭다." - 존 리

탈중앙화를 중심으로 여러 혁신을 제시하고 화폐의 패러다임을 바꾸어 놓은 비트코인. 그러나 당연히 비트코인에도 단점이 존재한다. 비트코인의 단점으로 자주 지적되는 점은 낮은 가치의 거래를 잦은 빈도로 하기 힘들다는 것이다. 쉽게 말해, 우리가 가장 자주 사용하는 화폐의 용도를 대체할 수 없다. 이를 확장성의 문제라고 한다. 비트코인은 탈중앙화와 안정성에서 뛰어난 장점이 있지만 확장성이라는 큰 단점이 있다.

앞서 보았듯이, 비트코인은 합의 메커니즘을 통해 새로운 거래 내역을 검증한다. 각 거래에는 10분 정도의 검증 시간이 소요된

다. 이 거래 내역이 여섯 번 정도 검증이 돼야 잘못된 거래가 없다는 것을 확신할 수 있다. 달리 말해 거래가 처리된 것을 확신하기 위해서는 일정 시간이 소요된다는 것이다. 이는 비트코인이 화폐를 대체하기에는 심각한 장애가 된다.

사용하기 너무 힘든 비트코인

스타벅스에 가는 것을 예를 들어보자. 커피는 현대인들에게는 일상에서 빼 놓을 수 없는 음료이다. 하루에 한 잔씩 커피를 마시는 사람은 물론, 두 세잔씩 마시는 사람도 드물지 않다. 특히 직장인들이 피곤을 풀기 위해 바쁜 스케줄 중에도 잠깐 짬을 내어 커피를 마신다. 그런데 만약 비트코인으로 커피를 사게 되면, 거래가 제대로 이루어졌는지 알기 위해 한 시간을 기다려야 한다. 이는 엄청난 비효율이다. 따라서 비트코인을 화폐로 사용한다는 것은 상상하기가 어렵다. 특히 훨씬 더 많은 거래를 처리할 수 있는 명목 화폐 결제 시스템이 있기 때문에 굳이 비트코인을 화폐로 사용할 이유가 없다.

우리가 자주 사용하는 비자(VISA)카드는 1초에 65,000건의 거래를 처리할 수 있는데 반해, 비트코인은 최대 7개의 거래를 처리할 수 있다. 여기서 우리가 알 수 있는 것은, 비자카드는 확장성과 보안성을 택한 대신 탈중앙화를 포기했고, 비트코인은 보안과 탈중앙화를 지킨 대신 확장성을 포기했다는 것이다. 비트코인, 즉 암호화폐가 화폐로 사용되는 것이 목표라면 확장성은 가볍게 넘어갈 문제가 아니다. 따라서 비트코인은 확장성 문제가 해결되어야만 화폐로서의 진정한 가치를 가지게 된다.

비트코인 확장성 문제를 해결하다

비트코인은 확장성 문제를 해결하기 위한 여러 가지 대안이 제시되고 있다. 첫 번째, 코드의 법칙을 바꾸는 것이다. 비트코인은 탈중앙적 요소는 민주주의와 비슷하다. 이는 긍정적으로 작용하기도 하지만, 다른 관점에서 보면 비트코인 커뮤니티에 제안된 의견에 동의하지 않는 사람이 항상 존재한다는 말이다. 그런데 비트코인은 처음부터 오픈 소스의 형태를 유지하고 있기 때문에 비트코인의 이념에는 동의하지만, 세세한 법칙에는 동의하지 않는 사람들이 코드를 복사해서 수정한 버전을 만들어낼 수 있다. 이를 포크(Fork)라고 부른다. 다시 말해 포크는 블록체인의 설계나 기능을 향상할 때 의견의 차이가 있는 사람들이 만들어내는 새로운 방향성이다. 쉽게 설명을 하면 밴드의 멤버들이 방향성에 대해 의견이 달라 해체하고 각자 새로운 밴드를 구성하는 일과 유사하다.

포크도 크게 소프트 포크와 하드 포크로 나뉜다. 소프트 포크는 기존 버전의 법칙을 무너뜨리지 않는 코드 변형이다. 따라서 기존 버전과 변형된 버전이 분리되지 않은 같은 네트워크상에서 운영될 수 있다.

반면 하드 포크는 기존 버전과 양립할 수 없는 변화를 만든다. 앞서 말한 대로 하드 포크는 커뮤니티 내 합의가 이루어지지 않을때 생기거나 혹은 너무 심각한 버그 때문에 대대적인 수정이 불가피할 때 진행된다. 가장 대표적인 예시로는 이더리움이 있다. 기존의 버전에서 새로운 법칙이 적용되지 않기 때문에 기존의 소프트웨어는 하드 포크된 버전과 같은 네트워크에 남을 수 없다. 네트워크가 멈춘다는 말은 아니라, 하드 포크가 이루어진 시점부터 두 개의 다른 네트워크가 운영된다는 뜻이다. 하나는 기존의 법칙을 그래도 따른다. 다른 하나는 업데이트된 소프트웨어를 따른다.

하드 포크는 순수 주의자들에게 비판받아오고 있지만, 사실 하드 포크는 엄연히 비트코인의 본성의 일부다. 2011년 새로운 암호화폐들이 많이 생겨날 때 대부분의 프로젝트는 비트고인의 코드 베이스를 포크 하거나, 비트코인의 특징을 약간만 바꾸어서 시작되었다. 오늘날 비트코인을 제외한 암호화폐를 부르는 알트코인(Altcoin)이라는 단어도 이때 생겨났다.

두 번째, 레이어를 나누는 것이다.

레이어 2(Layer 2)라는 용어는 확장성 문제 해결을 위해 비트코인 블록체인의 기능성을 담당하는 무언가를 만드는 것을 의미한다. 가장 유명한 비트코인 레이어 2로는 라이트닝 네트워크(Lightning Network; LN)가 존재한다. 라이트닝 네트워크는 빠른 결제에 초점을 둔 레이어 2로 비자와 같은 중앙화 결제 시스템과 경쟁하기 위해 만들어졌다.

레이어 2의 개념은 비트코인과 같이 기반이 되는 블록체인, 즉 레이어 1(Layer 1)과 상호작용할 수 있는 프로토콜이나 2차 인프라를 만드는 것이다. 그러나 기반이 되는 레이어 1 체인의 확장성 문제에 영향을 받지 않는다. 이 점이 온체인(on-chain, Layer 1)과 오프체인(off-chain, Layer 2)의 차이가 생기는 것이다. 온체인 트랜잭션은 온전히 해당 블록체인의 합의 메커니즘에 의해 처리되고 공개적으로 체인에 기록된다. 비트코인 작업증명방식을 사용하고 트랜잭션이 승인되기까지 약 10분의 시간이 걸린다. 게다가 완결성을 가지기까지의 6개의 블록이 생성되어야 하기 때문에 결제에 대략 60분의 시간이 걸린다. 당연히 비자(VISA) 등 다른 결제 시스템과 속도에서 비교가 될 수 없다.

반면 오프체인 트랜잭션은 블록체인 네트워크와 합의 메커니즘의 영향을 받지 않고 처리된다. 대신 추후 네트워크에 거래 내역이 한꺼번에 올라간다. 레이어 2의 매력은 메인 체인의 변화 없이 확장성 문제를 해결할 수 있다는 것이다. 따라서 보안성이나 탈중앙성을 포기할 필요가 없다. 라이트닝 네트워크는 레이어 2 비트코인 서비스의 대표적인 예이다. 2015년 조셉 푼(Joseph Poon)과 타데우스 드라이야(Thaddeus Dryja)라는 저자가 쓴 논문에서 처음으로 제안된 오프체인이다.

이 기술은 마이크로페이먼트 채널(micropayment channels)을 통해 거래를 더 효율적으로 처리하여 비트코인 블록체인의 가능성을 확장시켰다. 마이크로페이먼트 채널은 거래를 하고자 하는 두 사용자 사이에 열린다. 오프체인으로 열리며 합의 메커니즘의 영향을 받지 않고, 온체인보다 효율적으로 거래를 처리할 수 있다. 거래에 참여한 두 사용자가 모두 채널을 닫게 되면 그때 거래가 체인에 기록된다. 즉, 채널을 닫는다는 의미는 거래가 정당하다는 것을 받아들이는 것이다.

스타벅스의 상품권을 생각하면 이해가 빠를 것이다. 스타벅스에서 1만 원짜리 상품권을 받았다고 가정해보자. 당신이 스타벅스에서 1만 원어치의 커피를 샀다는 것을 당신과 스타벅스가 서로 확인하게 되면 상품권을 내고 서로 거래가 성사되었다는 합의에 이르게 된다.

세 번째, 아예 새로운 암호화폐를 만드는 것도 하나의 방법이 될 수 있다. 이더리움(Ethereum)이라는 이름은 한 번쯤은 들어봤을 것이다. 비트코인을 제외하면 단연코 가장 중요한 암호화폐이며, 비트코인과 많은 특징을 공유한다. 그러나 이더리움은 비트코인과 몇 가지 차이점을 가지고 세상에 나타났다. 이더리움의 목표는 세계의 컴퓨터가 되는 것이다. 공개적으로 누구도 정체를 모르는 비트코인의 창시자인 사토시 나카모토와 달리, 이더리움의 창시자 비탈릭 부테린(Vitalik Butrrin)은 전 세계적으로 매우 유명한 사람이다.

부테린은 비트코인을 초기부터 지지해왔지만, 다른 애플리케이션을 만들 때 사용되지 못하는 것을 아쉬워했다. 그래서 이더리움은 '세계의 컴퓨터'라는 사명을 가지고 허가가 필요 없는 튜링 컴플리트(Turing Complete) 시스템을 제공하는 데 초점을 두고 있다. 튜링 컴플리트 시스템이란, 프로그래밍 언어로 표현된 어떠한 요청도 처리할 수 있는 시스템을 의미한다. 채굴량이 미리 정해진 비트코인과 달리 이더리움의 채굴량은 정해져 있지 않다.

이더리움은 누구나 쉽고 안전하게 디지털 서비스를 제작할 수 있는 블록체인 기반 체계이다. 블록체인 기반이기 때문에 형식적이고 중앙화 된 승인 절차를 거칠 필요가 없다. 다시 말해, 애플 앱스토어나 구글의 플레이스토어 등 중재자를 거치지 않고 애플리케이션을 만들 수 있다는 것이다.

이더리움 이전에는 블록체인 세계는 비트코인을 통한 암호화폐라는 단 하나의 애플리케이션에 제한되어 있었다. 이더리움에서 개발되는 애플리케이션들은 모두 탈중앙화 되어있기 때문에, 이들을 탈중앙화 된 애플리케이션, 혹은 디앱(Decentralized Application; dApp)이라고 부른다. 그렇다면 이 디앱들은 어떻게 작동할까? 이더리움 플랫폼의 디앱들은 모두 이더리움의 네이티브 코인인 이더(Ether)를 명목 화폐로 사용한다. 이더리움 플랫폼은 비트코인과 유사하게 수수료를 부과하여 거래를 검증하는 사용자들에게 보상으로 나누어준다.

그러나 비트코인과는 다르게 이더리움은 플랫폼에서 다른 암호화폐도 사용할 수 있게 허용했다. 그래서 누구나 자산을 만들고 이더리움 위에서 자산을 거래할 수 있다. 이 자산을 토큰(Token)이라고 부른다. 최근에 이더리움의 유망한 디앱으로 떠오르고 있는 분야는 디파이(DeFi)로 잘 알려진 탈중앙화 된 금융 산업이다. 디파이의 혁신은 여러 가지가 있지만, 특히 눈여겨 볼만한 점은 탈중앙화 된 거래소와 대출 플랫폼이다. 디파이 산업은 빠른 속도로 진화하고 있다. 이더리움의 힘을 보여주는 좋은 예이다.

사실 이더리움이 론칭된 이후 가장 주목을 받은 것은 당연히 디앱이었지만, 동시에 비트코인보다 빠른 TPS 또한 많은 기대를 받았다. 빠른 TPS는 확장성의 개선을 뜻하기 때문이다. 그러나 이더리움의 30 TPS 또한 명목 화폐의 거래를 처리하는 비자(VISA)사의 65,000 TPS에 비하면 너무 느리다. 비트코인과 마찬가지로 이더리움의 가장 큰 한계는 확장성이다. 당연히 탈중앙화나 안정성을 포기하지 않고서는 풀기 힘든 문제다.

가치변동성을 보완하기 위해
태어난 스테이블코인

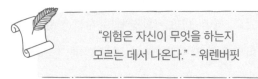

"위험은 자신이 무엇을 하는지
모르는 데서 나온다." - 워렌버핏

암호화폐의 치명적인 단점으로 지적되는 것이 가치의 변동성이
다. 암호화폐의 탄생 배경은 중앙화된 명목 화폐를 대체하기 위
함이다. 그런데 가치의 변동성으로 인해 거래를 위한 돈으로 사
용되기 힘들다는 것이다. 즉, 교환의 매개체라는 목적을 달성하지
못한다는 것이다. 이를 보완하기 위해 스테이블코인이 탄생한다.
스테이블코인은 두 단어의 조합이다. 안정성을 뜻하는 '스테이블
(stable)'과 암호화폐를 뜻하는 '코인(coin)'이다. 명목 화폐의 안정
성을 투명성 등 암호화폐의 장점과 결합시킨 단어다. 이 두 단어
의 조합이 의미 있는 이유는 스테이블코인이 전통 경제와 암호화
폐를 잇는 다리의 역할을 한다는 뜻이기 때문이다.

스테이블코인에서 영감을 받은 여러 국가의 중앙은행들은 중앙은행 디지털 화폐(Central Bank Digital Currencies; CBDC)라는 새로운 형태의 화폐를 제작하고 있다. 스테이블코인은 특정 명목 화폐와 똑같은 가치를 지닌다. 모든 국가의 통화에 상응하는 가치를 가진 스테테이블코인을 만드는 것이 가능하다는 것이다. 즉, 스테이블코인의 목표는 연결된 통화의 가치를 유지하는 것이다. 해당 통화의 가치가 변화하게 되면 스테이블코인 또한 동일한 가치 변화가 생기게 된다. 또한 통화 가치를 유지하는 메커니즘에 따라 스테이블코인의 가치의 변동 폭이 더 커질 수 있다.

압도적으로 가장 많은 종류의 스테이블코인이 따르는 명목 화폐는 당연히 미국 달러(USD)이다. 그래서 처음으로 탄생한 스테이블코인이자 시가총액이 가장 높은 코인은 2014년에 탄생한 테더(USDT)이다. 테더의 탄생 후 많은 스테이블코인이 탄생했다. 미국 달러뿐만 아니라 유로화나 파운드화, 호주 달러, 한국 원화, 그리고 이들보다 불안정한 브라질의 헤알화 등을 기반으로 한 스테이블코인들도 탄생했다.

비트코인의 문제점

비트코인은 변동성이 높은 것으로 악명 높다. 하루에 80%나 가치가 변동된 적도 있다. 다른 암호화폐들은 더 큰 변동성을 가진 적도 많았다. 그래서 비트코인을 포함한 대부분의 암호화폐는 일상에서 사용되기에 적합하지 않았다. 매일 아침마다 스타벅스에서 5,000원짜리 아메리카노를 마신다고 가정해보자. 원화의 가치는 달러나 다른 명목 화폐들의 가치에 상승하여 상대적으로 변화하기에 엄밀히 따지면 매일 같은 가격으로 커피를 마신다고 할 수는 없다. 하지만 최소 우리가 예상하는 만큼의 금액을 사용하여 아메리카노를 마시게 된다.

그러나 비트코인으로 결제를 하게 되면 비트코인의 원화 가격에 따라 커피의 금액이 변하게 된다. 일상적으로 계획된 소비를 해야 하는 기업이나 개인들에게 매우 치명적이다. 아메리카노 커피 한 잔은 그나마 값이 싼 물건이니 큰 문제가 되지 않을 수도 있다. 그러나 가치가 상대적으로 높은 주택을 비트코인으로 거래를 한다고 하면 생각이 달라진다. 집을 사려는 사람은 비트코인이 가격 상승만을 기다릴 것이다. 반대로 판매를 하는 입장에서는 조금이라도 더 많은 비트코인을 얻기 위해 비트코인 가격이 떨어지는 날 팔고 싶을 것이다.

이것은 인간의 본성이다. 사람들은 가치가 더 오를 것이라고 생각하면 자산을 쓰지 않는 경향이 있다. 동시에 가치가 떨어질 것이라고 생각하는 자산은 빠르게 사용하려는 경향이 더 강하다.

결국 구매자와 판매자의 이해관계가 매일 달라져 거시 경제가 위축될 수 있다. 경제는 확실성이 있을 때 부흥하고 변동성이 높을 때 위축된다. 실제로 각 국가에 중앙은행이 존재하는 이유는 가격 안정성을 유지하기 위해서이다.

그러나 명목 화폐 또한 완벽하지 않다. 만약 명목 화폐가 완벽했다면 사토시 나카모토는 애초에 비트코인을 만들어내지 않았을 것이다. 명목 화폐는 문제점은 다음과 같은 것들이 존재한다.

① 은행에 있는 돈은 더 이상 당신의 돈이 아니다. 당신의 카드나 계좌는 은행의 결정에 의해 언제든 동결될 수 있다.

② 당신이 해외에 있는 사람에게 송금을 해야 된다면 높은 수수료를 지불해야 하고, 또한 송금 지연을 겪어야 한다.

③ 하이퍼인플레이션이 있는 국가에 살고 있다면, 명목 화폐의 의미가 퇴색될 수 있다.

④ 명목 화폐의 가치는 계속 떨어진다. 명목 화폐는 좋은 가치 저장 수단이 아니다.

안정성 확보를 위해 가치 고정하는 스테이블코인

그래서 스테이블코인의 필요성이 생겨난 것이다. 명목 화폐의 안정성과 탈중앙화 된 암호화폐의 특성이 만난 스테이블코인은 세계 경제를 확장하고 통합하는 데 있어 매우 중요한 역할을 할 수 있다.

다른 암호화폐와 마찬가지로 스테이블코인은 탈중앙화 되어 있고 세계적인 P2P 네트워크로 전송될 수 있다는 특징을 가진다. 대부분의 스테이블코인은 자체 네트워크가 있지 않고, 이더리움 체인 같은 네트워크상에서 작동한다. 그래서 스테이블코인을 위한 네트워크를 처음부터 만들어낼 필요는 없다. 예를 들면, 이더리움 기반의 스테이블코인을 거래하는 것은 이더리움 생태계 기축통화인 이더를 거래하는 것과 다를 바가 없다.

그러나 무엇보다도 스테이블코인의 가장 중요한 특징은 안정성이다. 이 안정성을 얻기 위한 방법은 여러 가지가 있는데, 크게 네 가지로 나눌 수 있다.

① 명목 화폐 담보 기반
② 암호 화폐 담보 기반
③ 알고리즘 기반 시뇨리지
④ CBDC(Cemtral Bank Digital Currencies)

1) 명목 화폐 담보 기반 스테이블코인

이 방법은 안정성을 얻기 위해 가장 직관적인 방법이다. 가장 먼저 탄생한 테더도 이 방식으로 안정성을 확보했다. 오늘날 가장 많이 사용되는 방법이다. 명목 화폐 담보 기반 스테이블코인은 기업에 의해 온 체인으로 발행되며, 기업의 은행 계좌에 남아 있는 명목 화폐를 담보로 발행된다. 보통 1:1의 비율로 발생된다. 예를 들어 계좌에 100달러가 있으면, 100달러 만큼의 스테이블코인이 발생되는 것이다.

결국 명목 화폐 담보 기반 스테이블코인의 공급량은 기업이 가지고 있는 담보물에 의해 결정된다. 스테이블코인을 추가적으로 발생하기 위해서는 기업이 가지고 있는 명목 화폐가 그만큼 많아져야 한다. 그래서 고객들이 스테이블코인을 구매하기 위해 명목 화폐를 지불하면 해당 금액만큼의 스테이블코인이 발생된다. 반대로 스테이블코인을 명목 화폐로 환전하게 되면 공급량이 그만큼 줄어든다.

여기서 중요한 것은 담보물이 꼭 돈일 필요는 없다는 것이다. 다른 명목 화폐들, 즉 금이나 은 같은 상품은 물론 더욱 복잡한 금융 상품들도 이런 방식으로 토큰화 되어가고 있다. 명목 화폐 담보 기반 스테이블코인의 장점은 역시 높은 신뢰도이다. 토큰이 실제 자산에 연동되어 있기 때문에 가장 안전한 형태의 스테이블코인이다. 또한 직접적으로 상환될 수 있기에 높은 유동성을 갖는다. 또한 직관적인 모델이기 때문에 높은 확장성을 갖는다. 그러나 반대로 탈중앙화 되어 있다고 볼 수 없기 때문에 투명성의 한계가 있다. 또한 이에 대한 외부 압력, 즉 금융 규제는 블록체인이 해결할 수 없는 문제이기 때문에 정부 등에 의해 동결될 위험이 있다. 명목 화폐 담보 기반 스테이블코인의 종류는 테더, USDC, 팩소스(Paxos) 등 미국 달러에 고정된 상품들과 디직스(Digix)와 같이 금을 담보로 한 코인 등이 있다.

2) 암호 화폐 담보 기반 스테이블코인

명목 화폐 대신 암호화폐를 담보로 하는 스테이블코인도 존재한다. 기업이나 사람의 행동 의존도를 낮추기 위한 방법으로, 스마트 계약을 사용하여 시스템의 안정성을 관리한다. 암호화폐의 가치를 기반으로 완벽한 온체인 스테이블코인 체계를 가능하게 한다. 암호화폐의 가치는 매우 빠르게 변동하기 때문에 스테이블코인의 담보가 되는 암호화폐의 가치는 스테이블코인의 총공급량보다 압도적으로 높아야 한다. 그렇지 않으면 암호화폐의 가치가 급락하여 스테이블코인의 총공급량보다 암호화폐가 적어져 고정연동이 깨지는 상황이 올 수 있기 때문이다.

스마트 계약에 대한 신뢰도를 필요로 하긴 하지만, 이런 스테이블코인 체계는 전통 금융 체계와 관련 없이 돌아간다는 점에서 큰 의미가 있다. 그렇게 때문에 투명성을 유지할 수 있다. 또한 스마트 계약은 탈중앙화된 방식이기 때문에 블록체인 정신에 더 부합한다. 그러나 스마트 계약의 버그로 인해 자금 손실 가능성이 있으며, 소유하고 있는 암호화폐의 가치만큼 유통을 할 수 없다는 점은 아쉬운 점이다. 아무리 어느 정도의 안전장치를 해놓는다 하더라도 암호화폐 시장에 큰 악재가 터지면 토큰의 유통량보다 담보물의 가치가 부족한 상황이 생길 수 있다.

3) 알고리즘 기반 시노리지 스테이블코인

알고리즘 기반 스테이블코인은 전통 중앙은행 모델의 메커니즘을 사용하지만, 인간 대신 스마트 계약이 관리를 한다. 여기서 스마트 계약의 역할은 화폐의 수요에 맞춰 유통량을 조정하는 것이다. 수요가 높으면 가격이 높아지는 대신 토큰을 더 많이 발행하여 유지하고, 수요가 떨어지면 상환이 가능한 채권이나 자동화된 바이백(Buyback)을 사용하여 토큰의 공급량을 줄인다. 담보 기반 모델들과 달리 알고리즘 기반 스테이블코인은 거래 혹은 상환 가능한 자산이 담보로 잡혀있지 않다.

이들의 가치는 시스템이 스테이블코인을 충분히 안정적으로 받쳐줄 것이라는 기대감에서 올뿐이다. 그래서 아직까지 매우 실험적이고 증명된 바가 없다. 규제나 법적 제재가 언제 생겨도 전혀 이상하지 않다. 실제로 가장 큰 규모의 알고리즘 스테이블코인 테라가 하루아침에 무너져 내렸다.

4) CBDC (Cemtral Bank Digital Currencies)

CBDC는 현재 화폐 체계를 대체할 수 있을 것이라는 기대감에 실험되고 있는 개념이다. 당연히 현재 금융의 중심이 되는 정부가 블록체인을 활용할 방법을 생각해보지 않았을 리가 없다. 그러나 블록체인을 사용한다고 해서 CBDC가 암호화폐이거나 스테이블 코인인 것은 아니다. 기존의 화폐를 블록체인을 사용하여 새로운 방식으로 가공한 후 암호화폐의 몇 가지 특징을 가져왔을 뿐이다. 심지어 아직까지 CBDC를 상용화하여 사용하고 있는 국가는 없다. CBDC 개발의 선두주자인 중국도 2022 베이징 동계올림픽 때 시범 운영을 해본 것이 전부이다.

여러 가지 방면에서 CBDC는 비트코인과 명목 화폐의 융합체라고 생각하면 좋다. 우선 분산된 장부 기술이나 블록체인을 사용한다는 점에서 비트코인과 유사하다. 대신 CBDC는 블록체인을 사용하여 결제나 거래를 중앙화된 하나의 장부에 기록한다. 이로 인해 효율적이고 쉬운 통화 유통 관리가 가능해진다. 여러 국가가 CBDC를 개발하고 있다. CBDC는 다양한 형태로 태어날 것이다. 그러나 모든 CBDC는 한 가지의 공통점을 가지고 있다. 그것은 정부가 절대 화폐 통제권을 포기하지 않을 것이라는 점이다.

그래서 비트코인이나 다른 퍼블릭 블록체인과는 달리 매우 제한된 네트워크를 사용할 것이다. 예를 들어 정부기관이나 규제된 법인들만 거래 검증을 할 수 있는 권리가 주어질 것이다. 또한 한 국가의 법령에 의해 직접적으로 관리될 것이라는 것도 CBDC의 차이점이라고 볼 수 있다.

　스테이블코인은 가장 빠르게 성장하고 있는 암호화폐 중 하나이다. 2020년에만 스테이블코인의 공급량은 네 배 이상(50억 달러→230억 달러) 상승했다. 2022년 2월 총공급량이 놀랍게도 1조 8,000억 달러에 이르렀다. 가격 안정성이라는 가치를 빼고는 암호화폐는 더 복잡한 금융 상품들로 연결되기 힘들 것이다. 실제로 스테이블코인을 통해 여러 금융 상품이 탈중앙화 된 금융, 즉 다파인(Decentralized Finance)에서 가능해지고 있다. 스테이블코인은 새로운 금융시장으로 나아가는 데 있어 중요한 역할을 하고 있어 주목할 가치가 있다.

마침내 자산으로
인정받은 비트코인

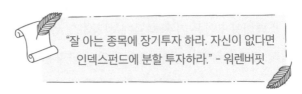

"잘 아는 종목에 장기투자 하라. 자신이 없다면
인덱스펀드에 분할 투자하라." - 워렌버핏

최근 몇 년 사이에 비트코인, NFT, 토큰 등 새로운 형태의 디지털
자산이 등장하면서 전통적인 돈의 개념에 변화가 생겼다. 암호화
폐가 주목받기 시작한 지 몇 년이 지났지만, 많은 사람들은 여전
히 그 본질을 제대로 이해하지 못하고 있다. 일부 전문가들은 암
호화폐를 단순한 투기성 자산으로 보고 있다. 이와 동시에 일부
기업들은 암호화폐를 이용한 자동차 구매나 SNS 내 경제를 가능
하게 한다. 이렇듯 비트코인 등 디지털 자산들은 실물로 존재하지
않지만 화폐로서의 가치를 지니고 있어, 많은 사람들에게 혼란과
새로움을 동시에 안겨주고 있다.

비트코인 현물 ETF 승인

2024년 1월 11일 미국 증권거래위원회(SEC)가 비트고인 현물 상장지수펀드(ETF)의 상장을 승인했다. 비트코인 현물 ETF가 출시된 것이다. 비트코인 ETF가 승인되었다는 것은 코인이 제도권 안으로 들어와 정부의 인정을 받았음을 의미한다. 이제는 더 이상 비트코인이 사기나 데이터쪼가리에 불과하다는 말을 할 수 없다. 2017년 시카고상품거래소(CME)에서 비트코인 선물거래가 시작되었다. 2021년 10월 증권거래위원회(SEC)가 상장지수펀드(비트코인 선물 ETF)를 승인, 같은 달 미국 최초의 비트코인 선물 ETF가 뉴욕증권거래소(NYSE)에서 공식 상장되었다. 현재 미국 주식시장에서 상장된 비트코인 ETF는 총 네 가지다. 비트코인 스트레티지의 선물 ETF, 발키라와 반에이크 등의 선물 ETF.

이 당시를 전후로 꾸준히 신청되어온 비트코인 현물 ETF가 2024년 1월 11일 드디어 승인이 된 것이다. 갑자기 비트코인 시세가 폭등하지는 않더라도 아주 큰 사건인 만큼 이제는 새로운 역사가 시작된 것이다. 비트코인의 신봉자인 마이클 세일러는 이렇게 말했다. "조만간 출시될 비트코인 현물 ETF는 30년 만에 월스트리트에서 일어난 가장 큰 발전이 된다고 해도 과언이 아니다." 마이클 세일러의 이런 말은 단순히 비트코인 가격이 앞으로 많이 오를 것이고, 이로 인해 부를 축척할 기회가 많이 생긴다고 하는 말보다는 이제 미국 증권거래위원회(SEC)가 인정한 자산 군으로 편입됨과 동시에 지하경제 시장에서 나오게 된 것에 더 큰 의미를 두는 것이다. 그렇다면 비트코인 ETF 승인이 가져다 줄 미래는 어떻게 변해갈까?

첫 번째, 새로운 금융 비즈니스 모델의 탄생이다. 현재 지구상에 존재하는 가장 큰 금융 비즈니스 모델은 국채와 주식, 그리고 부동산이다. 대부분 지구상의 화폐 유동성은 이 세 가지 자산에 분산되어 있다. 이런 금융시스템은 국가와 기업, 은행, 개인까지 다양하게 연결되고 서로 원하는 가치를 주고받으면서 세상은 돌아간다. 하지만 세상의 생산성을 창출하기 위해 미래의 레버리지를 일으키고 이 과정에서 화폐를 무분별하게 찍어내면 결국 인플레이션이 발생한다.

이런 인플레이션을 극복하기 위해 강대국은 전쟁을 일으킨다. 약소국의 노동력을 착취하고, 원자재를 갈취하며, 파괴된 세상을 다시 건립하면서 인위적인 생산성을 창출하는 과정을 반복한다. 이 과정에서 가난한 사람은 더 가난하게 되고, 잘 사는 사람은 더 잘 살게 되는 빈익빈 부익부(貧益貧 富益富) 현상이 일어나게 된다.

화폐의 남발은 인플레이션을 만든다. 이 넘쳐나는 화폐를 새롭게 담을 새로운 큰 시장이 필요한데 그곳이 암호화폐시장이다. 단, 암호화폐는 단점이 있는데 현실자산과 연계되거나 현실자산에서 인정해주는 기구나 국가가 없었다. 이렇게 10년간 시장을 떠돌아다니며 이 시장이 옳다고 믿는 소수의 사람들과 어둠의 자본 세탁 세력에 의해서 지탱해 왔다. 이제 현물 ETF 승인으로 국가와 기관, 그리고 법인기업의 참여로 현물자산과 교환이 합법적으로 바뀌게 되었다.

두 번째, 기존 금융시장에서의 남아도는 자본의 흡수이다. 일명 투자유치라고 한다. 어떤 비즈니스 모델이 생기면 이 모델의 우수성과 효율성, 그리고 확장성과 미래가치추구에 대한 설명을 한다. 이때 현실에 적용될 모든 이론적·기술적 장점과 리스크에 대한 시뮬레이션을 하고, 이에 대한 법적조치 및 안정성 확보에 대한 정책을 수립한다.

이 단계 후 자본유인에 대한 방식과 우호지분확보 및 우호세력에 대한 홍보를 하는 단계를 거친다. 현재 ETF 승인의 단계는 이 과정이 끝난 자본유치단계라고 보면 된다. 기존금융시스템 자본을 비트코인으로 흡수하고 이런 비트코인을 담보로 암호화폐시장을 운영하고 확장해가는 단계이다. 비트코인과 세상을 연결하는 그 첫 번째 관문이 비트코인 ETF이다.

세 번째, 글로벌 아젠다에 따른 자본흐름의 변화이다. 흔히 비트코인을 경제학으로 풀려는 사람들이 있다. 그러나 비트코인은 경제학적 구조에 들어온 자산이 아니기에 현재는 인문학적 접근을 하는 것이 옳은 방향이다. 현재 시점에서 단기차익과 경제적 수익을 노리는 사람은 사기꾼에 불과하다. 아직까지 암호화폐 시장과 비트코인은 자본유치단계이고, 이 자본유치는 결과적으로 성공하는 결론에 다다를 것이다. 경제학은 만들어진 정책 아래에서 누가 누가 잘하나 겨루는 게임이지만, 인문학은 인간이 인간답게 살려면 어떤 금융정책을 만드느냐가 목표이다.

이 때문에 비트코인은 인문학이 바탕이 되고 이에 대한 방점은 인간이 잘사는 세상을 만드는 것에 맞춰져 있는 것이다. 인류는 퇴보와 멸망 없이 발전하기 위해서는 기술을 개발하고 연구해야 하기 때문이다. 이를 글로벌 아젠더로 목표하고 지구생존을 위해 하나씩 풀어가야 하는 숙제인 것이다. 글로벌 아젠더의 방향성 위에 만들어진 비트코인 정책에 기존 금융자본은 모두 동참해야 하는 당위성을 띄고 있는 글로벌 프로젝트가 바로 비트코인이 대장인 암호화폐시장이다. 그리고 선두에 서서 돌격하는 돌격대장이 비트코인 ETF이다.

비트코인 ETF를 기획한 블랙록이 어떤 전략으로 암호화폐시장과 비트코인을 가져갈 것인지에 대한 인문학적 관점만이 비트코인에 대한 깊이와 확장성을 이해할 수 있다. 경제학적인 관점에서 바라보면 답이 안 보이는 게 비트코인이기 때문이다.

비트코인 앞으로 어떻게 될까?

이번 기념비적인 결정은 비트코인이 적어도 투기 자산으로선 마침내 진지하게 받아들여지고 있음을 보여주는 신호라고 말하는 이들도 있다. 비트코인을 "디지털 금"으로 보는 이들에게 규제 당국의 감독 하에 전 세계 대규모 투자기관들이 구매하고자 몰려드는 현상은 자신들의 주장을 뒷받침해줄 최고의 증거일 것이다. 암호화폐는 탈중앙화를 외치며 전통적인 금융 시스템에 대한 거부감을 반영한 것이라고 말하는 이들도 있다. 그러나 현재 느껴지는 흥분된 분위기로 미뤄볼 때, 새로운 자금 유입이 비트코인 투자자들을 부자로 만들어 주리라는 기대가 지배적이다.

그러면 비트코인은 장밋빛 전망만 있는 것일까? 우선 비트코인의 가격은 사전 경고나 설명 없이 빠르게 자주 요동친다. 따라서 투자자는 비트코인과 연계된 ETF를 선택할 때 이러한 가격 변동성을 반드시 고려해야 한다. 물론 ETF는 지금도 종종 고위험-고수익 상품으로 판매되곤 한다. 또 다른 잠재적 위험 요소로는 사이버 범죄를 꼽을 수 있다. 비트코인과 다른 암호화폐는 사이버

공격의 대상이 되곤 한다. 암호화폐 기업들은 때론 하룻밤 사이에 수억 달러를 잃기도 한다. 그리고 만약 블랙록과 같은 투자사들이 주요 비트코인 보유자가 된다면, 이들 기업의 사이버 보안 환경 또한 새로운 도전을 받게 될 것이다.

또 다른 단점은 환경 비용이다. 비트코인 거래를 처리하고, 새로운 코인을 채굴하기 위해선 전 세계 여러 강력한 컴퓨터가 필요하다. 재생 가능 에너지의 비율이 증가하고 있다지만, ESG(환경, 사회, 지배구조) 요소를 우려하는 구매자들과 함께 투자사들이 비트코인의 잠재적인 환경 비용을 어떻게 나눌 수 있을지 지켜봐야 한다.

지상으로 나온
비트코인의 미래는?

"항상 최고의 수익률을 가져다주는
투자 대상은 없다. 다양한 투자대상을
열린 마음으로 대해야 한다." - 존 템플턴

세상에서 가장 비싼 피자

2010년 5월 비트코인의 거래가 막 태동했을 때의 1비트코인은
2원 정도에 불과했다. 가상자산 커뮤니티에서 가장 잘 알려진 사
건 중 하나가 '비트코인 피자데이'다. 2010년 미국의 한 비트코인
보유자가 커뮤니티에 "피자 두 판 보내주면 1만 비트코인을 주겠
다"는 제안을 했는데, 현재 가격으로 환산하면 약 5,800억 원에
해당한다. 그는 2,900억 원짜리 피자를 먹은 셈이다.

10여 년이 지나고 이제 가상자산 세계는 고대했던 순간을 맞이
했다. 가상에 머무르며 그 가치를 두고 쓸모없다던 비트코인이 드

디어 제도권으로 들어온 것이다. 2024년 1월 10일 미국 증권거래위원회(SEC)는 비트코인 현물을 기초자산으로 삼는 상장지수펀드(ETF)를 승인했다. 승인된 ETF 상품은 총 11개다. 세계 최대 자산운용사인 블랙록을 포함해 피델리티, 프랭클린, 아크인베스트 등이 내놓은 ETF가 포함됐다.

승인 주체가 미국이기에 사실상 국제적으로 공인받은 것이다. 전 ETF의 약 20% 정도는 미국에 상장돼 있다. 글로벌 ETF 일평균 거래대금의 약 80%가 미국 시장에서 거래된다. 시장 규모로 보든, 접근성을 봐도 미국 증권거래위원해가 비트코인 현물 ETF를 승인했다는 상징성은 매우 크다. ETF라는 방식은 직접 비트코인을 사는 것에 대한 심리적 장벽을 가진 사람들이 보다 쉽게 다가가도록 해준다. MTS나 HTS 등을 통해서도 비트코인 ETF를 거래할 수 있다. 가상자산과 전통 금융이 시스템적으로 일부 통합된 것이다. 글로벌 규제기관의 승인과 금융기관이라는 믿을 만한 중개처가 생긴다는 건 쓸모없는 물건 취급을 받던 비트코인의 신뢰도를 높였다.

여기서 궁금증이 생길 수밖에 없다. 일단 비트코인을 멀리해온 개인투자자들은 '비트코인이 좋은 투자처가 될 수 있을까'라는 생각이 든다. 비트코인 시장에 새로 뛰어든 플레이어가 한층 격상됐다는 점은 고무적이다. 블랙록과 같은 월가의 큰손들이 뛰어든 점이다. 그간 가상자산 업계는 변덕스러운 비트코인 가격에 매우 취약했다. 시장이 침체되면 관련 생태계는 투자자의 관심에서 멀어진다. 알트코인 가격은 비트코인 가격과 연동해 움직이는 경향이 강하다. 비트코인이 재채기를 하면 알트코인은 몸살을 앓았다. 지난해 비트코인 가격이 두 배 이상 상승한 것은 블랙록의 신청서가 알려지면서부터였다.

이제 돈을 쥔 월가가 참전했으니 비트코인 가격이 오를 거라는 기대가 크다. 다수의 전문가들의 예측도 크게 다르지 않다. '금'의 사례와 비슷하게 흘러갈 거라는 예측이 나온다. 2004년 11월 금 ETF가 처음 나왔을 때 당시 ETF 분석가로 유명했던 짐 위한트 ETF리포트 설립자는 "금ETF는 투자자들에게 새로운 자산 선택지를 열어주며 대폭발을 일으킬 것"이라고 장담했다. 그리고 그의 예측은 적중했다. 2004년 금ETF가 미국에 등장한 뒤 금값은 이후 7년간 네 배 비싸졌다. 현재 금ETF에는 1,000억 달러 이상이 조달된 상태이다.

금을 직접 사서 금고에 보관하는 대신 클릭 한 번으로 투자할 수 있는 접근성 때문에 늘어난 금 수요가 가져온 결과다. 글로벌 투자은행 스탠다드차타드는 "금보다 더 짧은 기간에 비트코인의 가격 상승이 구체화될 것"이라고 본다.

ETF 탄생으로 가격이 오른다는 논리는 과잉수요 때문에 생기는 것이다. 비트코인의 총 발행한도는 2,100만개다. 현재 약 1,960만개가 채굴됐다. 스탠다드차타드의 예측처럼 최대 1,000억 달러의 자금이 비트코인 현물 ETF로 향할 경우 비트코인 시가총액(약 8,300억 달러)의 1/8에 해당한다.

국내에서도 비트코인은 이미 어느 정도 자산으로 받아들여지고 있다. 자산가들 사이에서는 비트코인은 지하에 있었는데 이제 1층으로 올라와 햇빛을 보는 거라고 평가했다. 최근에는 자산가들 사이에서도 비트코인 현물을 약간이라도 보유하려는 움직임이 있다고 한다. 부동산 등이 주춤하면서 자산 포트폴리오를 재구성할 때 비트코인도 고려 대상이 됐다. 가격이 충분히 떨어진 것 같은데다 ETF 승인 이슈도 있으니 자산의 일부를 비트코인으로 가져가려는 사람들이 생겨난 것이다.

한국에서 비트코인 현물 ETF 구매가 어려운 이유

비트코인을 직접 사는 건 거래소를 통해서 지금도 가능하다. 다만 비트코인 현물 ETF가 국내에서 거래되는 건 조금 더 시간이 걸릴 것이다. 이미 논란이 되었듯 국내에서는 비트코인 현물 ETF

거래가 금지됐다. 국내증권사들은 해당 종목의 검색과 정보 제공을 막았다. 일단 관련 규정이 명확하지 않은 탓이 크다. 금융위원회가 표면적으로 내건 이유는 자본시장 법에 정의하는 기초자산에 가상자산이 포함되어 있지 않기 때문이다. 법적 준비가 안 된 상태에서 금융기관이 상품을 기획하거나 대응 방안을 마련할 수 없다.

지난해 12월 블룸버그는 2023년 9월~11월까지 비트코인 법정화폐 거래량 비중에서 원화가 약 41%를 차지해 40%를 차지한 달러를 누르고 가장 많이 거래한 통화라고 분석했다. 그 의미는 비트코인 불장에 가장 큰 영향을 준 것이 한국 사람이라는 뜻이다. 금유시장에서 원화와 달러는 그 위상을 비교조차 할 수 없지만, 가상자산 시장에서는 투자 영향력에서 세계 1~2위를 차지한다. 반대로 말하면 한국인 투자자들이 가상자산의 리스크 노출이 크다는 뜻이기도 하다.

비트코인 회의론자인 게리 겐슬러 미국 증권거래위원장은 ETF 승인을 발표하면서도 "비트코인을 승인한 건 아니다"라고 강조했다. 그는 공식 성명서에서 "가장 중요한 점은 우리의 조치가 비트코인을 보유한 ETF에 국한되는 점"이라고 선을 그었다. "여전히 비트코인은 랜섬웨어, 돈세탁 등을 포함한 불법 활동에 사용되는 투기적이고 변동성이 큰 자산"이라고 규정했다. 그의 우려대로 비트코인 현물 ETF는 금융시스템과 가상자산 간의 접점을 뜻한다. 비트코인에서 발생하는 리스크가 금융시장으로 전이될 수도 있다. 특히 금융기관의 투자는 네트워크를 끼고 있어 혹시 생길지 모를 위험이 더 빠르게, 더 넓게 퍼질 수 있다. 비트코인의 높은 변동성 탓에 급락장이 조성돼 인출 사태라도 생긴다면 금융 시스템 전반이 흔들린다. 국내 원화 투자자의 성향을 생각하면 금융 당국의 고민도 납득이 간다. 그래도 증권가에서는 미국의 결정을 따라가는 게 대세라는 시각이 지배적이다.

IT 전문매체 와이어드는 이번 비트코인 ETF 승인이 비트코인을 두 갈래로 나눌 거라고 본다. "투자자들의 비트코인과 이데올로그들의 비트코인으로 분리될 것"이라고 분석했다. 투자자들은 비트코인을 통해 수익을 내길 바란다. 그렇다면 접근성과 신뢰도가 높은 금융 플랫폼에서 ETF를 사는 게 편할 수 있다. 굳이 비트코인을 구매해 지갑에 저장하는 번거로움도 감내할 필요가 없다.

반면 사토시 나카모토의 철학을 따르고 탈중앙화를 지지하는 이데올로그들은 비트코인을 거래소에서 현물로 매수해 저장하는 쪽을 택할 수 있다. 알트코인의 가치를 인정하는 사람 역시 거래소를 이용해 구매하는 방법을 택할 수 있다. 다만 비트코인이 제도권으로 들어온 이상 금융기관이 거래소보다 경쟁 우위를 가질 거라는 전망이 우세하다. 바꿔 말하면 ETF의 비중이 점점 비트코인 현물 거래를 능가할 수 있다는 얘기다. 금을 직접 사기보다 금 ETF를 사는 것처럼 말이다. 이 때문에 비트코인 현물 ETF의 최대 피해자는 가상자산거래소이다. 나스닥에 상장돼 있는 미국 대표 거래소인 코인베이스는 지난해 비트코인 ETF승인 기대감으로 주가가 400% 가까이 상승했다. 반면 비트코인 현물 ETF가 판매되기 시작한 지난 1월 11일부터 일주일간 10%가량 주가 하락을 겪고 있다. JP모건은 보고서에서 "초보 가상자산 투자자에게는 코인베이스가 필요하지 않다"고 했다. 월가의 자신감이 묻어나오는 대목이다.

비트코인은 이제 지상으로 올라와 햇빛을 보고 있다.

5장,
돈의 흐름을 새롭게
만들어가는 세계 각국

디지털 화폐로
승부수를 던진 나이지리아

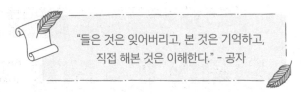

"들은 것은 잊어버리고, 본 것은 기억하고,
직접 해본 것은 이해한다." - 공자

미래 화폐의 모습을 엿볼 수 있는 나라가 있다. 아프리카를 대표
하는 인구 대국 바로 나이지리아이다. 사실 아프리카에 있는 국
가들은 우리가 직접 가볼 기회가 많지 않다 보니까 많은 사람들
이 잘 모른다. 아프리카의 현상을 가장 직접적으로 목격할 수 있
는 대표적인 국가 한 곳만 가보면 아프리카 국가들 대부분이 지
금 어떤 상황에 처했는지 쉽게 엿볼 수 있는 나라가 나이지리아
인 것이다.

나이지리아는 지금 계속해서 내전에 휩싸이고 있는 상황이다.
그렇기 때문에 나이지리아를 가게 되면 이런 조언을 듣게 된다.

"나이지리아에 가서는 살아있는 모든 것을 조심하셔야 됩니다."
일단 나이지리아는 내전 중이다. 그래서 정상적인 근무활동 또는
정상적인 경제활동을 통해서 자신이 필요한 생활비를 얻기 어려
운 사람들이 많다. 그러다 보니 일부 청년들은 자연스럽게 불법적
인 일에 관심을 많이 갖게 된다. 그중 대표적인 것 중의 하나가 마
약 재배다. 심지어 납치도 일어난다.

　전 세계에서 납치범이 가장 많고, 납치 규모가 가장 큰 나라가
나이지리아다. 실제 나이지리아에서 어느 정도로 납치가 아주 성
행하고 있냐 하면 나이지리아 반군들 또는 나이지리아 테러리스
트들이 어느 여학교에 잠입해서 여학교 학생 전원을 납치했다. 한
두 명을 납치해 가는 게 아니라 학교 학생 전교생을 납치해 간 것
이다. 그리고 나서 학생들 부모로 하여금 당신 딸을 돌려받고 싶
으면 얼마를 입금하라고 협박전화를 한다. 그렇게 해서 돈을 받고
딸을 돌려주기도 하지만 몇 해 지난 뒤에 주검으로 딸이 발견되
거나 아니면 근로자로 착취하거나 이용하다가 방면하는 경우들
이 생긴다. 그만큼 나이지리아에서는 우리가 생각한 것보다도 치
안이 훨씬 더 불안하다.

　그래서 외국 방문객들이나 또 현지에서 계속 상주하면서 일하
는 주재원들이 모여 사는 주재원 타운 같은 곳이 있다. 그러니까

한국 주재원뿐만 아니라 일본 주재원, 중국 주재원, 유럽 주재원들이 모두 한 마을에 모여 산다. 주재원들이 모여 사는 마을은 약간 성벽처럼 둘러싸여져 있다. 출입구는 경비들이 보초를 서면서 감시를 한다. 얼마만큼 치안이 불안한 나라인지를 아주 단적으로 확인할 수 있는 장면이다. 그런데 불안해야 될 것은 사람만이 아니다. 벌레들은 대부분 독충이 많다. 하물며 나이지리아에서 돌아다니는 동물들도 맹수 맹금류가 많다.

나이지리아는 기름이 매장되어 있는 곳을 서로 쟁탈하기 위해서 반군과 나이지리아 정규군이 서로 계속 혈투를 벌이는 내전마저도 계속되고 있는 상황이다. 그러다 보니까 나이지리아에서 적극적으로 경제활동을 하려는 청년들이나, 경제활동의 의지가 높은 기업가 정신을 가지고 있는 많은 사람들은 나이지리아의 척박한 비즈니스 환경에서 내 꿈을 펼칠 수 없다고 생각해서 해외로 망명을 가는 숫자가 급격히 늘고 있다.

그래서 유럽 각 지역에 살고 있는 나이지리아 국민만 수백만 명에 이를 정도로 나이지리아 사람들은 나이지리아 본토를 등지고 해외에서 활동하고 있는 상황이다. 그러다 보니까 나이지리아는 인구도 많지만 인구들 중에서 우수한 사람들이 해외로 가버리는 그런 악순환이 지금도 계속되는 상황이다. 이런 맥락 속에서 나이지리아 내부 상황을 조금 더 자세히 들여다보면 얼마나 척박한지 확인할 수 있는 가장 쉬운 대목이 있다.

비트코인 거래 세계2위 나이지리아!

나이지리아의 화폐 체계가 지금의 나이지리아를 잘 대변하고 있다. 지금 나이지리아의 화폐 상황은 세 가지 화폐를 동시에 사용하고 있다. 첫 번째는 전통적인 종이 화폐가 있다. 나이지리아의 화폐 단위는 나이라라고 부르는데, 전통적으로 동전과 지폐로 나이라는 코로나19 과정에서 하이퍼인플레이션에 준하는 인플레이션을 경험하면서 누구도 신뢰할 수 없는 화폐로 전락해 버렸다. 쉽게 말하면 하루아침에 가치가 떨어질 뿐만 아니라 나이라로 월급을 받았다가 며칠 지나면 월급의 가치가 반 토막이 나거나 몇 %씩 계속 줄어드는 상황이 연출되었다.

그러다 보니까 나이지리아 국민들은 나이라로 월급을 받고 싶어 하지 않고, 물건을 나이라로 거래하고 싶어 하지도 않는다. 그러다보니 자연스럽게 주목받고, 가치를 더 높게 인정받는 게 달러이다. 석유를 판매하는 일이나 아니면 마약이라든가 불법적인 일에 가담하고 있는 사람들이 달러를 주로 받고, 달러를 통해서 부를 쌓는다. 반면 나이지리아 국민들은 달러 구경하기가 점점 어려워지고 있는 상황이다. 이런 과정에서 나이지리아 국민들은 나름대로 자신들이 생필품을 사고 남은 월급을 달러로 환전해서 자신의 재산을 지키고 싶은 욕구가 많다.

이렇게 달러를 구하기 어려운 상황에서 나이지리아 국민들이 선택한 대안이 비트코인이다. 비트코인은 이미 전 세계적으로 또 하나의 결제 수단으로 급격히 대두되었다. 특히 불법적인 일로 돈을 번 사람들이라든지 아니면 사람들의 계좌 추적이 없이 누군가에게 송금을 해야 될 때 이미 비트코인은 상당히 보편적인 거래 수단으로 활용되기 시작했다. 그러다 보니까 이런 음성적이고, 불법적인 거래의 지불수단으로 비트코인이 보편적으로 사용되기 시작하면서 비트코인이라는 가상 자산은 시세의 하방 경직성을 형성해 주는 계기가 됐다.

그러다 보니 한때 코인 하나가 우리나라 시세로 1억 원에 육박하고 8,000만 원까지 고공행진을 하다가 급격히 시세가 떨어졌다. 어느 정도 떨어지고 나서 비트코인의 시세가 더 이상 안 떨어지는 하방 경직성을 갖게 됐다. 이런 비트코인의 하방 경직성을 확보하게 된 가장 큰 결정적인 이유는 마약을 결제한다든지, 불법적인 송금을 한다든지, 세금을 탈루하면서 해외에 내 재산을 은닉하는데 가장 보편적으로 활용되는 수단이기 때문이다. 적지 않은 사람들이 받아주는 지불수단이 됐다는 인식들이 생겼다. 일반 서민들도 이제 비트코인을 새로운 대안으로 생각하게 된 것이다.

나이지리아 국민들에게 자국 화폐인 나이라는 믿을 수 없는 화폐가 되었다. 그 과정에서 달러를 보기도 어려운 상황이 돼 버렸다. 이런 상황에서 나이지리아 국민들의 선택은 월급 받자마자 필요한 생필품 사고 남은 돈은 비트코인으로 환전해 저축하거나 저장해 놓는 것이다.

이 과정에서 아이러니한 게 있다. 나이지리아 정부 역시도 CBDC 가상화폐를 만들었다. 하지만 나이지리아는 자신들이 사용하는 화폐를 자국 내에서 직접 인쇄해서 유통할 수 있는 기술력이 없다. 그러다보니 유럽 국가들이라든가 다른 나라로 "동전이나 지폐를 좀 찍어 주십시오."라고 위탁해서 거기서 생산된 것을 바탕으로 자국 화폐를 유통시켰다. 외국에 신규 화폐를 찍어 달라고 부탁할 정도까지 경제가 뒷받침되지 않았다.

이제 실물 화폐는 믿을 수 없어서 이제 사람들 손에 다 휴대폰도 있으니 정부에서는 공무원 월급이라든가 정부가 지급해야 될 대표적인 지급 수단으로 이나이라(eNaira)를 활용하기 시작했다. 이미 종이 화폐 때부터 국가 화폐에 대한 신뢰감이 무너졌던 나이지리아 국민들 입장에서는 이나이라라는 가상화폐에 대해서도 누구도 신뢰하지 않는 상황이 됐다. 그러다 보니까 이나이라의 상황은 오히려 비트코인을 더 선호하는 현상까지 생겼다.

코로나19가 끝났지만 OECD 국가들만 코로나19 화마에서 완벽하게 벗어났다라고 할 수 있다. 나머지 북아프리카 지역이라든가 일부 사하라이남 아프리카 국가, 그리고 중동의 일부 국가들과 중남미 지역의 일부 국가들은 어느 때보다도 경제 여건이 어려워진 상황이 되었다. 그러다 보니 이 과정에서 자국 화폐의 위상이 점점 떨어지는 국가들이 늘어나기 시작했다. 이들 국가들 중에 일부 국가들은 가상 자산으로 중앙은행에서 직접 화폐를 유통하는 CBDC를 만들어서 유통하는 국가가 생겼다. 일부 국가에서는 아예 비트코인을 법정 화폐로 선언하면서 암호화폐 체제를 공식적인 화폐 체제로 인정한 국가도 생겼다.

아직까지 하이퍼인플레이션을 해결하지 못하고 있는 국가도 많은 상황이다. 지금 이런 국가들이 과연 마지막 탈출구로 어떤 행보를 선택할까? 그리고 미래에 우리의 화폐라는 것이 어떤 모습을 갖추게 될 것인가? 지금은 화폐의 진통 기간으로 보면 된다. 추후에 전통적인 화폐인 달러라든가, 유로화라든가, 엔화라든가, 세계적인 결제 통화들이 어떻게 바뀌어야 될 것인지도 주목해 볼 필요가 있다.

우리나라가 만든 화폐는 여전히 잘 쓰고 있다. 국제사회에서도 나름대로 잘 방어면서 원화 가치를 잘 지키고 있는 대표적인 나라이다. 평소에는 잘 느끼지 못하지만 감사해야 할 일이다.

금융 산업의 미래는 홍콩에 있다

> "지식은 사람의 운명을 바꿀수 있다."
> - 리자청

아시아의 대표적인 금융허브 홍콩은 어떻게 해서 금융허브가 됐는지 알고 있는가? 홍콩은 대표적인 아시아의 금융허브 도시라고 할 수 있다. 전 세계 많은 금융회사들이 홍콩에 아시아 거점 헤드쿼터를 두고 홍콩에서 비즈니스를 하고 있다. 우리나라 입장에서도 최근 금융 산업을 육성하기 위해서 홍콩을 벤치마킹하기 위한 여러가지 노력들을 하고 있다. 이제 반도체나 자동차나 조선 말고 금융이라는 또 하나의 고부가가치 산업을 육성하기 위해서는 어떻게 해야 되는지 홍콩을 통해서 대안을 찾고 있다.

왜 홍콩이 글로벌 금융의 중심인가?

먼저 전 세계 금융인들이 몰려들 수밖에 없는 가장 쾌적한 도시 인프라를 구축한 곳이 홍콩이다. 사실 금융은 대표적인 고부가가치 산업이다. 많은 교육을 받거나 우수한 역량을 보유한 사람들이 일하는 분야가 금융업이다. 그런데 이렇게 높은 학력 수준이나 지적 수준을 가진 사람들이 일하고 싶은 동네는 첫 번째로, 좋은 교육 인프라를 갖추어야 한다.

예를 들어서 회사에서 이런 제안을 했다고 가정해 보자.

"자네 이제 서울 근무처를 떠나서 해외 주재원으로 갈 생각 있나?"라고 하면 통상적으로 자녀가 있거나 아내가 있거나 남편이 있는 분들에게는 그런 제안이 썩 달갑게 여겨지지는 않는 경우가 많다. 그런데 만약에 "홍콩이나 뉴욕과 같은 그런 도시에서 근무하겠나?"라고 물어보면 대부분의 사람들은 좋다고 할 것이다. 이처럼 우리가 홍콩이라는 곳에 대해서 "주인의식을 갖고 거기에서 근무해 보겠습니다."라고 선택할 수 있는 가장 큰 이유는 가족과 자녀까지 같이 수반해서 갔을 때, 거기가 생활하기 좋은 인프라가 구축되어 있기 때문이다. 가장 대표적인 것이 교육이다. 홍콩에는 많은 교육 인프라, 국제사회에서도 그것도 경쟁력이 높은 인프라가 있다.

가장 큰 교육 인프라 중의 하나는 역시 영어를 기본 베이스로 해서 공부할 수 있는 환경이라고 할 수 있다. 홍콩에서 공부를 할 경우에는 본인의 모국어뿐만 아니라 영어를 같이 배울 수 있는 기회가 제공되기 때문에 많은 외국계 회사에서 홍콩에 주재원으로 가는 걸 선호한다. 또 이것은 금융회사에 종사하는 사람들에게도 영어는 똑같은 기회요인으로 작용한다. 예를 들어서 글로벌 톱클래스 금융회사들은 모두 다 영어를 기본 베이스로 소통하는 게 일반적이다. 회사 업무에서만 영어를 쓰는 것이 아니라 업무 끝나고 일상생활을 하는 데 있어서도 자신이 능수능란하게 구사할 수 있는 영어를 베이스로 의사소통하거나 쾌적한 생활을 할 수 나라는 아시아에서 몇 개 국가 밖에 없다. 필리핀이나 홍콩, 인도, 싱가포르 등 몇 나라 안 된다. 그러다 보니까 이렇게 영어를 기반으로 활동할 수 있는 대표적인 나라 중의 하나인 홍콩은 금융 산업을 꽃피울 수 있는 기본적인 토양을 갖추게 된 것이다.

그다음 하나가 더 있다. 금융업이라는 것은 분초를 다투는 일이다. 예를 들어서 국제적으로 전쟁이 났거나 국제적으로 큰 분란이 나면 그런 전쟁 상황에서는 내 투자의 방식을 바꾸거나 아니면 투자한 내용을 전부 회수해서 무언가 새로운 투자처로 상황을 바꿔야 된다. 그런 것들을 가장 빠르게 신속하게 처리해야지만 금융 산업의 경쟁력을 확보할 수 있다. 이렇게 얘기할 수 있다. 발

빠르게 움직이는 것뿐만 아니라 또 한 가지 시간이 중요한 이유가 하나 더 있다.

금융업에 종사하는 사람들의 연봉 훨씬 높은 수준의 연봉을 받는 사람이 많다. 홍콩에는 금융업계에서 일하는 사람들 중 연봉이 10억 원 가까이 되는 사람들이 많다. 그런 사람들에게는 시간당 급여도 어마어마한 가치가 있다. 그럼 이 사람들은 어떻게 이동하고 어떻게 업무를 봐야 될까? 도로 상에서 버리는 시간을 어떻게든 줄이는 것이 그들에게 제일 중요한 요소가 될 것이다. 홍콩이라는 도시는 이런 환경 속에서 계속 진화 발전을 해 왔다. 그래서 많은 택시가 생기게 된 것이다. 홍콩은 택시의 천국이라고 해도 과언이 아니다.

어느 쇼핑몰에서 나오면 택시가 줄을 서 있다. 호텔에서 나오자마자 택시를 잡을 수 있는 곳이 또 홍콩이다. 홍콩에서는 아주 이색적인 모습을 보기도 한다. 대부분 아파트 단지에서 택시를 잡으려면 단지 바깥까지 나와서 택시를 잡는 게 우리나라뿐만 아니라 일반적인 국가들의 모습이다. 그런데 홍콩은 택시가 단지 안까지 들어와서 우리 아파트 동 밑에 서 있다. 그러다 보니 실제로 수억 원대, 수십억 원대의 연봉을 받는 많은 금융 종사자들이 최대한 일에만 집중하고 길에서 버리는 시간을 극단적으로 줄일 수 있는 환경을 도시 전반에서 교통 인프라를 구현한 곳이 바로 홍콩이다. 여기서 그치지 않는다.

 홍콩의 비행장 역시 이색적이다. 도심 한복판에 비행장이 있는 나라가 바로 홍콩이다. 그래서 홍콩의 하늘을 쳐다보고 있으면 진짜 비행기가 코앞에서 날아가는 것 같은 느낌이 든다. 공항이 지근거리에 있기 때문이다. 그러다 보니까 홍콩에 있는 많은 금융인들이 아시아의 다른 국가로 출장을 가는 게 가장 수월한 도시가 홍콩이다. 홍콩의 비행기 편은 아주 독특한 취항 시간으로 유명하다. 취항 시간이 언제가 많은가 하면 심야와 이른 아침에 많다.

 예를 들어보자. 내일은 도쿄에서 회의가 있다. 그럼 오늘 하루 근무를 오전부터 퇴근시간까지 종일 하다가 퇴근해서 저녁 식사를 하고 밤에 비행기를 타러 공항에 간다. 그럼 공항에는 아시아 각지를 비롯해서 중동이나 다른 국가로 가는 비행기 노선이 쫙 깔려 있다. 그리고 밤 비행기를 타고 이동하면 된다. 비행기 안에서 편히 잔 다음에 다음날 아침, 그 나라 현지의 근무 시간에 딱 맞춰서 도착한 다음, 거기서 같이 비즈니스를 보고 다시 바로 들어올 수 있는 형태로 비행기 노선이 짜여 있다. 그러다 보니까 홍콩의 여러 비행기 노선마저도 이 바쁜 금융인들에게 부합하는 형태로 노선이 짜여있다고 해도 과언이 아니다. 이처럼 홍콩이라는 나라는 교육뿐만 아니라 영어를 사용하는 국가라는 점, 그리고 교통 인프라까지도 금융 산업에 부합하는 면을 많이 가지고 있다.

그다음 하나가 더 있다. 홍콩 달러다. 많은 국가에서 금융업을 주력 산업으로 육성하고 싶어도 넘기 어려운 허들이 하나 있다. 자국 화폐의 가치가 그렇게 위상이 높지 않을 경우에는 환차액이나 환차손으로 인한 여러 가지 불확실성이 높다 보니 금융 산업이 좀처럼 육성되기가 어려운 상황에 있다. 예를 들어 다국적 금융회사들이 한국에 와서 비즈니스를 한다고 가정해 보자. 그러면 금융회사에 재직하는 임직원들은 당연히 우리나라에서 체류하고 있는 동안 원화로 생활을 해야 된다.

자신의 월급의 상당 부분을 원화로 바꿔서 생활하거나 아니면 한국에서 체류하고 있는 동안 원화로 월급을 받게 될 경우 어떤 문제가 생길까? 달러 대비 원화 가치가 강락하게 될 경우 자신의 공급 자체가 크게 줄어드는 그런 불이익을 받게 된다. 그런데 홍콩은 이런 장애 요소를 해결하기 위해서 어떻게 했냐면, 홍콩 달러를 미국 달러에 시세를 고정시켜 버렸다. 그러니까 미국 달러와 홍콩 달러는 늘 교환 비율이 일정하기 때문에 환차익이나 특히 환차손으로 인한 불이익을 걱정할 이유가 없게 되는 것이다. 따라서 홍콩 내부에서 체류하는 동안 얼마든지 원활하게 홍콩 달러로 연봉을 받고 수령한 다음, 홍콩 현지 은행에 홍콩 달러로 예금을 해 놓고 저축을 해 놨다가, 다시 미국 본사나 유럽 본사로 다시 원대 복귀할 때는 그 홍콩은행에 예치해놨던 돈을 달러로 환전해서 가져갈 수 있는 구조를 만들었다. 글로벌 많은 금융회사와 근무자들이 홍콩에서는 일하고 싶어 할 수밖에 없는 환경을 만들어 준 것이다.

마지막으로 하나가 더 있다. 홍콩과 같은 제한된 도시에서 많은 사람들이 살고 이렇게 고부가가치 산업들이 발달되게 되면 자연스럽게 집값이 천정부지로 치솟게 된다. 그렇다 보니 홍콩은 전 세계에서 가장 집값이 비싼 곳 중의 하나로 평가받고 있다. 그런 과정에서 홍콩 정부는 예전부터 공공임대주택사업을 오랫동안 시행해 왔다. 그래서 홍콩은 공공주택 비중이 높은 나라로서 본인이 소득 수준이 조금 떨어지거나 급여가 낮은 직종에 종사한다 하더라도 나름대로 공공주택 내지 임대주택을 얻어서 생활할 수 있다.

홍콩에 일하러 온 사람들은 홍콩에서 남은 평생을 계속 사는 게 아니라 여기에서 내가 일정 기간 체류할 동안만 살 수 있는 집이 필요하다. 홍콩은 기본적으로 임대주택 시장이 발달되어 글로벌 기업들이 자사의 직원에게 임대주택을 수월하게 공급해 줄 수 있는 것도 금융의 경쟁력 중의 중요한 요소이다.

　이처럼 홍콩이 금융 산업으로 발전되는 과정에서 이러한 요인들 덕분에 자연스럽게 국제적인 금융허브 도시가 될 수 있었다. 그럼 이번에는 우리나라로 돌아가 보자. 우리나라는 그럼 이런 홍콩의 모습을 보면서 우리나라가 금융허브산업을 육성하기 위해서는 무엇이 필요할까? 금융업의 특수성에 맞는 금융 산업을 육성할 수 있도록 여러 가지 제도적 보완과 인프라 등의 보완이 필요하다. 홍콩이 중국에 반납되면서 많은 금융회사들이 싱가포르로 많이 이동하고 있다. 이 과정에서 홍콩에서 이탈하는 수많은 글로벌 기업들을 모두 싱가포르에 뺏겨서는 안 된다. 이들 기업들 중에서 한국에서 활동하고 싶은 회사들을 어떻게든 유치해서 한국도 이제 금융 부분에 있어서 적지 않은 성과를 낼 수 있는 기회를 만들어야 할 것이다.

석유 이후의 시대를
준비하는 중동

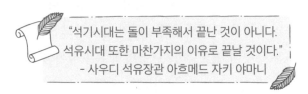

"석기시대는 돌이 부족해서 끝난 것이 아니다.
석유시대 또한 마찬가지의 이유로 끝날 것이다."
- 사우디 석유장관 아흐메드 자키 야마니

중동의 오일 부자 아랍에미리트

중동의 대표적인 오일머니 국가 UAE(아랍에미리트)는 전 세계에
서 가장 높은 건물과 전 세계에서 가장 큰 공원을 가지고 있는 나
라이다. 그렇다면 UAE는 왜 세계 최대, 세계 최고, 세계 최초에
집착하게 된 걸까?

아랍에미리트가 독립한 것은 우리가 생각한 것보다 그리 길지
않다. 중동 대부분의 지역은 한때 서구 열강 국가들의 식민지였
다. 불과 한 세기 전만 하더라도 UAE는 가난한 어촌 마을에 불과
했다. 그나마 생산할 수 있었던 물건이라고 해 봐야 바닷가에서

진주조개 등을 캐는 게 고부가가치 산업 중의 하나일 정도였던 그냥 가난한 토후국들이 모여져 있는 곳이었다. 그런데 독립한 이후에 알고 봤더니, 전 세계에서 5번째로 석유가 많이 매장되어 있는 것을 알게 되었다. 이 석유로 어마어마한 부를 거머쥐는 엄청난 국가가 되었다.

그리고 이 일곱 개의 토후국들이 모여서 만들어진 아랍에미리트는 전 세계에서 가장 쉽게 돈을 버는 국가 중의 하나가 되었다. 하지만 이 과정에서 아랍에미리트의 여러 국가 지도자들은 한 가지 걱정에 휩싸이게 되었다. 우리가 지금은 이렇게 잘 먹고 잘 살지만, 우리가 보유하고 있는 석유는 2050년 정도 즈음이면 고갈되기 때문에 그 이후에는 아랍에미리트 민족들이 무엇을 먹고, 어떻게 살아가야 되는지에 대한 고민을 하기 시작했다. 이런 고민이 실질적으로 UAE의 여러 통치자들 사이에서 불거지기 시작했다. 단적으로 두바이를 통치하는 셰이크 모하메드의 말에서 알 수가 있다.

"내 할아버지는 낙타를 타고 다녔고, 내 아버지도 낙타 낙타를 타고 다녔다. 하지만 나는 지금 벤츠를 타고 다니고, 내 아들도 아마 벤츠를 탈 것 같다. 하지만 내 손자는 다시 낙타를 타게 될지도 모르겠다."

무슨 얘기일까? 자기 윗대에는 가난한 나라였지만, 지금 자신과 자신의 아들까지는 석유를 통해서 충분히 먹고살 수 있을 것 같다. 하지만 다시 우리 손자 시대가 되면 우리가 먹고 살 수 있는 가장 중요한 원천인 석유 자체가 고갈되어, 더 이상 석유가 예전만큼 중요한 부가가치를 창출하는 어떤 자원이 아닐 가능성이 높다는 것을 말한다. 이러한 강박과 우려 속에서 두바이는 두바이를 비롯해서 UAE의 토후국들과 "우리가 앞으로 먹고 살 것을 당대에 반드시 찾아야겠다."라는 생각을 갖게 된다. 그러면서 이러한 차세대 먹을거리를 찾기 위해 선봉에 섰던 도시가 두바이와 아부다비다.

그들은 두 도시를 전 세계인들이 여기서 비즈니스를 하거나 아니면 장기간 체류하면서 먹고, 마시고, 즐기고, 논의하고, 아니면 투자하고 할 수 있는 그런 터전을 만드는 방법이 무엇인지 고민하기 시작했다. 그런데 한번 생각을 해보자. "저와 함께 거기 가서 같이 함께 일해 보시겠습니까?"라고 제안하면 당신은 당연히 쉽게 제안을 수용하지 않을 것이다. 대신 여기에 한 가지 옵션을 덧붙인다. "저와 함께 일할 저희 회사를 한번 보여 드리겠습니다."라고 말하면서 사진을 보여줬는데, 세계에서 제일 높은 최고층 빌딩이라면 어떨까?

그런 곳에서 일하고 바로 회사 앞 세계적인 리조트와 세계적인 호텔이 즐비하고, 밤에는 여기저기서 먹고 즐길 수 있는 각종 국제적인 레스토랑과 음식점이 즐비하다면 생각이 바뀔 것이다. 셰이크 모하메드를 비롯해서 UAE의 여러 왕세자들은 허허벌판에 모래 언덕만 가득한 이 가난한 어촌 마을에 전 세계 톱클래스의 글로벌 기업들이 몰려오고, 전 세계 영향력 있는 사람들이 여기에서 창업하고, 전 세계 수많은 부호들이 여기에 자신의 재산을 위탁하게 만들려면 다른 도시에서는 목격할 수 없는 높은 수준의 인프라를 구축해야한다고 생각했다.

세계 최고, 세계 최대, 세계 최초

그래서 셰이크 모하메드는 항상 자신이 오일머니로 투자를 할 때는 반드시 최고, 최대, 최초 이 세 개 중 한 개의 수식어가 앞에 붙어야지만 투자를 할 정도로 혁신적인 투자에 관심을 집중한다. 예를 들어서 전 세계 사람들이 모여들게 만들기 위해서는 어중간하게 높은 건물 말고 전 세계에서 제일 높은 건물을 지어보라고 이렇게 얘기하는 것이다. 그래서 실제 '부르즈 할리파'라는 전 세계에서 가장 높은 빌딩을 올리는데 투자했다. 그다음에 바다 위에 세계 최대 규모의 인공 섬을 조성해 거기를 리조트로 만들겠다고 투자했다. 그리고 루브르 박물관이 프랑스 밖에서 최초, 최대 규모로 유치한다고 할 때 그것도 투자했다. 실제 페라리 월드라고 해서 전 세계 슈퍼 카의 대명사인 페라리를 테마파크로 만들어서 아부다비에 유치했던 것도 아랍에미리트의 왕자들의 기획력이다. 이처럼 전 세계에서 어디를 가도 볼 수 없는 물건들을 갖다 놔야 아랍에미리트까지 와서 비즈니스를 할 충분한 이유가 생기지 않겠느냐고 생각한 것이다.

하나가 더 있다. 아랍에미리트의 대부분 도시들은 세금이 없다 해도 과언이 아니다. 대표적으로 없는 세금들 중에 소득세가 없다. 법인세도 없다. 즉 여기서는 "돈 벌어서 다 가져가십시오.", "우리는 세금 부과하지 않겠습니다." 이 정도의 파격적인 대우를 해줘야지만 굳이 여기까지 와서 비즈니스를 하게 될 것이라고 생각한 것이다. 물론 요즘은 점차 세목을 새로 만들거나 세금을 부과하지 않았던 곳에서도 이제 조금씩 부과하기 시작했다. 그것은 왜 그럴까? 이제 두바이가 비즈니스하기에 상당히 좋은 여건을 갖추게 됐고 여기에 투자한 사람들과 여기에 살면서 비즈니스를 하고 있는 사람들은 이제 두바이가 아니면 안 되는 이유가 충분히 숙성된 단계까지 왔다고 본 것이다.

그렇다면 이제 국가 입장에서는 여기에서 충분한 인프라를 그동안 누렸고 이제 당신도 여기 아니면 안 되는 것이니 일부 조금씩이라도 세금 받겠다고 하고 있다. 아랍에미리트의 수많은 도시들은 이렇게 세계 최초의 시도들을 어떤 돈으로 할 수 있었냐면, 당연히 오일 머니로 할 수 있었던 것이다.

최근 들어서 그동안 이런 지속적인 투자들로 인해서 UAE가 얼마나 바뀌어 왔는지를 단적으로 확인할 수 있었던 사례까지 하나 더 생겼다. 러시아-우크라이나 전쟁이다. 러시아-우크라이나 전쟁이 터지자마자 러시아의 많은 부호들은 "자신들의 자산이 국고에 환수되거나 하루아침에 무슨 문제가 생기지 않을까?" 걱정했다. 이 과정에서 유럽에 예치해 놨던 여러 자금들도 미국의 경제 제재로 인해서 쉽게 인출하지 못하게 될 수 있다는 우려 때문에 급박하게 자금을 빼서 숨겨놔야 될 새로운 대체지를 찾을 수밖에 없는 상황에 놓였다. 이때 러시아의 많은 부호들이 선택했던 대체지 중의 하나가 UAE에 있는 대표 도시 두바이다.

두바이는 그동안 금융 기능도 강화됐다. 많은 세계적인 부호들이 금융 서비스를 갖고 금융과 관련된 규제나 허들이 없는 금융 산업의 메카 도시로 급성장한 곳이 두바이다. 그러다 보니 러시아 부호들의 투자들이나 러시아 부호들의 자금까지 밀려들어오면서 러시아-우크라이나 전쟁으로 인해 경제가 급성장하게 된 도시들이 UAE에 있는 도시들이다.

두바이의 발전, 아부다비의 발전을 지켜보면서 "저거구나! 그렇다면 우리는 두바이보다 더 높은 빌딩, 두바이에서 하지 않았던 세계 최대 규모의 이벤트 같은 이러한 것들을 하면서 두바이와 아부다비 등을 우리가 따라잡아야겠다." 이렇게 인식하기 시작한 국가들이 많아지면서 UAE는 그다음 단계로 나아가기 위해 박차를 가하고 있다. 그런 과정에서 UAE가 자신들의 주요 먹을거리로 육성하기 위해서 선택했던 몇 가지 분야들이 있다. 그중에 하나가 의외로 에너지 분야도 친환경 에너지다.

이제 탈석유 기조가 도래하고 난 후, 본인들이 사용할 에너지도 어딘가로 부터 얻어야 될 것이라고 인식하기 시작했다. 에너지와 관련된 미래 신산업을 적극 육성하는 데 많은 투자를 했다. 그다음 두 번째는 레저 산업이다. 두바이에서 비즈니스 하기 편한 이런 여건을 만들기 위해서 많은 투자를 한 것이, 세계 사람들에게 보여줄 만한 관광 명소가 많아지게 되었다. 그렇다 보니 두바이를 비롯해서 아부다비, 아랍에미리트, 더 나가면 중동의 많은 도시들이 관광 명소가 되기 위해서 많은 투자를 하고 있다. 그 원조가 UAE의 두바이다.

그래서 두바이는 관광객들이 마음껏 놀다 갈 수 있도록 전통적인 이슬람 율법에서 벗어나서 많은 사람들이 국제적으로 수용할 수 있는 수준까지는 변화하고 있다. 유럽의 많은 여성들이 해변에서 그냥 수영복만 입고 수영을 해도 아무도 뭐라고 하지 않는다. 또 외국인인 경우에는 굳이 이렇게 얼굴만 내밀고 다른 데는 몸을 다 가릴 필요도 없다. 심지어 호텔에서 술을 달라고 해도 자연스럽게 팔고 있다. 이슬람 국가에서 술을 판매한다는 것이다. 이미 UAE는 전 세계 사람들의 투자를 받을 상황을 만들었고, 많은 사람들을 수용할 수 있는 준비가 되어있다.

지금 중동의 국가들은 "중동의 미래를 투자해 주십시오."라고 우리들에게 손짓하고 있다. UAE가 '세계 최초', '세계 최고', '세계 최대'에 집착하는 이유가 바로 여기에 있다. 이것은 중동의 미래가 걸린 것임을 그들도 알고 있다.

계속 배우고 성장해야만
부를 유지할 수 있다

진짜 부자는 누구인가?

부자가 되는 일은 세상을 이롭게 할 우리들의 아름다운 상상을 현실로 만드는 일이다. 그럼에도 많은 사람이 단순히 돈만 많은 부자만을 꿈꾼다. 그러나 자기는 그대로 두고 재산만 늘리려고 하는 사람은 실력에는 관심 없고 성적만 올리려는 학생과도 같다. 그와 같은 일은 일어나기도 어렵지만, 일어나더라도 진짜일 수는 없다. 부자 되는 일도 마찬가지다. 돈만 많아진다고 진짜 부자가 될 수는 없다. 돈만 많은 것을 부자로 알면 아무리 돈이 많아져도 돈 지키는 가난뱅이가 되기 마련이다. 성공했다는 말이 곧 부자가 됐다는 말로 통하는 시대다. 우리는 성공한 부자가 되기를 갈망하고 동경한다. 그러나 돈에만 매달리는 삶은 각박할 수밖에 없다. 여유를 느끼지 못하고 주변을 살피지 않으니 더 많은 위험 요소를 만나게 된다. 남이야 어찌 되었건 나만 아는 이기적인 사람이 되거나, 낮은 도덕의식으로 사회적 지탄을 받기도 한다.

우리는 그들을 진짜 부자라고 부르지 않는다. 진짜 부자는 돈에 있어서 만큼은 자신의 중심이 잡힌 사람이다. 그런 사람은 부와 명예를 가졌다 하더라도 이웃과 주변 사람들을 함부로 대하거나 남을 무시하지도 않는다. 그들은 자기 생각이나 신념이 틀릴수도 있음을 알고 부단히 배우고 노력하는 사람이다. 중요한 건, 부와 인격의 균형이다. 부자로 존경받는 사람이 있는가 하면, 서로 어울리기를 꺼려하는 부류도 있다. 많은 걸 포기하고 돈만 좇아 달려오면서, 잃은 것이 훨씬 많은 사람들도 있다. 돈만 많다고 사회적으로 인정받고 스스로에게도 당당해질 줄 안다면 큰 오산이다.

돈에 집착하는 삶은 마치 바닷물을 마시는 것처럼 영원한 갈증만을 느끼게 될 뿐이다. 우리는 품위를 지키고 올바르게 행동하는 사람을 진짜 부자라고 한다. 그들이 삶에서 보이는 긍정적인 자세, 세상의 변화와 거대한 움직임을 알고자 하는 호기심, 나와 타인을 이해하는 성찰에 매료되기 때문에 진짜 부자라고 부른다.

돈이 돈을 번다

많은 사람들의 머릿속에 "돈을 벌려면 열심히 일해야 한다"는 고정관념이 입력되어 있는 반면에, 돈이 "나를 위해 일하게"하는 중요성은 깨닫지 못한 사람들이 많다. 열심히 일하는 것은 중요하다. 하지만, 열심히 일하는 것만으로는 부자가 되지 못한다. 열심히 일해야 부자가 될 수 있다는 말은 일부는 맞고, 일부는 틀리다. 예전에는 "일한 만큼 번다"는 근면한 노동관을 강조했다. 이 말이 틀린 것은 아니지만, 그렇게 번 돈을 어떻게 사용해야 하는지 가르쳐주지 않은 데 문제가 있다. 번 돈을 사용하는 방법, 이것이 열심히 일하는 수준에서 똑똑하게 일하는 수준으로 차원이 바뀌는 분기점이다. 돈을 벌기 위해서는 열심히 일해야 한다. 하지만 부자들에게 이런 상황은 일시적인 과정이고 가난한 사람들에게는 평생 이뤄지는 상황이다. 부자들의 생각은 이렇다.

"돈이 나 대신 열심히 일하기 전까지는 내가 열심히 일해야 한다. 돈이 열심히 일하기 시작하면, 그때부터는 덜 일해도 된다."

경제적으로 성공한 사람들은 자신이 투자한 노동 에너지를 다른 에너지로 바꿔나간다. 즉, 투자 자본이 움직이게 한다. 우리가 목표로 해야 하는 것은 당신이 일하려고 마음먹지 않는 한, 다시 일하지 않아도 되는 상태에 이르게 하는 것이다. 필요에 의해서가 아니라 자기 선택에 의해 일할 뿐이다. 바꿔 말하면, 최대한 빠른 시일 내로 '경제적 자유를 획득하는 것'이 목표다. 일하지 않고 벌어들이는 소득은 비활동 소득이다. 비활동 소득이 지출보다 많으면 경제적으로 자유로워질 수 있다. 비활동 소득이 나올 수 있는 방법은 대체로 두 가지가 있다.

첫째, 나를 위해 일하는 돈이다. 주식, 채권, 금융시장, 뮤추얼펀드, 현금 가치로 인정받을 수 있고 현금화가 가능한 다른 자산에 투자해서 나오는 소득이 여기에 포함된다.

둘째, 나를 위해 일하는 사업이다. 당신이 직접 사업 운영과 소득 창출에 관여할 필요가 없는 사업에서 지속적으로 소득을 벌어들이는 것이다. 부동산 임대, 서적, 음반, 소프트웨어 등의 저작권료, 특화된 아이디어, 프랜차이즈 사업, 창고 소유, 자판기 소유, 네트워크 마케팅 등이 사례가 될 수 있다. 비활동 소득 구조를 만드는 일은 매우 중요하다. 이유는 비활동 소득이 없으면 자유로워질 수 없기 때문이다.

요약하면 당신이 돈을 벌기 위해 노력한 만큼 돈도 당신을 위해 일하게 해야 한다. 가난한 사람들은 오늘 살아갈 돈을 벌려고 일한다. 부자는 미래를 준비하는 종자돈을 벌려고 일한다. 부자들은 가치가 올라갈 것 같은 자산을 사들인다. 가난한 사람들은 가치가 떨어질 게 분명한 물건을 사들인다. 부자는 땅을 모으고 가난한 사람은 청구서를 모은다. 부자는 1만 원을 투자할 수 있는 씨앗으로 본다. 아는 것이 힘이다. 투자에 대해 배워야 하며, 다양한 투자 수단과 경제적인 도구를 익혀야 한다. 부동산, 대출, 주식, 펀드, 채권, 환율 등 전반적으로 배워야 한다. 그 다음에, 한 분야의 전문가가 되어 그 분야에 먼저 투자하고 나중에 다양한 분야로 넓히면 된다.

인생의 가치를 높이는 배움

우리 인생의 모습은 사실 하루하루, 매 순간 쌓아온 행동의 결과이다. 결국 좋은 습관이 운을 부르고, 성공을 낳는다. 이 과정에서 인생을 성공으로 이끌어주는 가장 확실한 방법은 배움, 즉 공부이다. 어릴 때는 학창시절에 공부하면 더 이상 공부를 안 할 줄 알았다. 대학만 가면 공부는 끝이라고, 이후의 삶은 그저 돈 벌고, 번 돈으로 여생을 편하게 살 줄 알았다. 하지만 나이가 들어서 확실히 깨달은 점은 배우지 않으면 낙오된다는 것이다.

인생의 가치를 높이는 배움이란 나 자신의 의식, 살아가는 자세, 일을 향한 의욕과 성취동기를 높이고 연마해가기 위한 노력이다. 다시 말하면, 배움을 통해 나의 능력을 높여가는 과정을 뜻한다. 배움에 투자하라. 가보고 싶은 강좌나 세미나가 있다면, 돈이 얼마가 들던지 절대 아끼지 마라. 책은 자신을 만들어주는 세포가 된다고 생각하고 최대한 책을 많이 읽어라. 독서는 충실한 인간을 만들고, 배움을 지속하는 한 소망은 반드시 이루어진다.

항상 감사하는 마음을 가져라

투자와 감사하는 마음이랑 무슨 상관이냐고 물을지도 모른다. 그러나 대부분의 사람들은 감사하는 마음이 부족하기 때문에 성공하지 못하며, 가난을 벗어나지도 못하는 것이다. 감사하는 마음이 들 때 모든 일이 즐겁게 견딜 수 있으며, 자신이 누릴 수 있는 것이 한정되어 있다는 생각에서 벗어날 수 있게 해준다. 살면서 좋은 일이 생기면 감사하게 되는데, 그 마음이 들수록 더욱더 감사할 일이 생기게 된다. 어려운 상황 속에서도 감사함을 잊지 않을 때 그 어려움이 쉽게 극복된다.

'항상 감사하는 마음을 가져라'라고 말하는 가장 큰 이유는 잠재의식 때문이다. '잠재의식의 힘'을 주장한 조셉 머피 박사는 '잠재의식은 현실로 드러날 이미지를 미리 찍어내는 암실'이라고 설명했다. 일어나지 않은 일을 미리 본다는 예기다. 직관이 틀리지 않고 대부분 맞는 이유는 이 때문이다. 잠재의식은 습관적인 행동과 생각에 반응한다. 일상의 모든 습관을 받아들인다.

부정적인 생각을 하면 잠재의식에 인식되어 일을 경험할 때 나타나게 된다. 나쁜 일들이 갑자기 일어나는 것 같지만 그렇지 않다. 우리 잠재의식 안에 자리 잡고 앉아서 등장하기만 기다리고 있는 것이다. 그러나 변화가 어렵지 않다고 생각하면 잠재의식은 그 믿음에 잘 반응한다. 생각만 해도 잠재의식이 스스로 알아서 반응한다. 마음의 장면을 바꾸면 인생을 바꿀 수 있다. 그러므로 무작정 바라지 말고 믿어야 한다. 사업가가 되기를 바라지 말고 사업가가 되었다고 믿어야 한다. 조금도 의심하면 안 된다. 지금 당장 뭔가 일어나고 있고 내 손 안에 들어오고 있다고 믿어야 한다. 이미 이루어졌다는 믿음이 있기 때문에 감사할 수밖에 없다.

성공해서 감사한 것이 아니라 성공하기 전부터 감사했다는 것이다. 성공만이 아니라 행복도 감사에서 시작된다. 우리 모두는 하루에 부정적인 생각이 훨씬 더 많이 든다. 어쩔 수 없는 사실이다. 하지만 이를 알고 노력한다면 긍정적인 생각을 더 많이 할 수 있다. 인생을 바꾸기 위해서 당신이 할 수 있는 일은 무엇일까?

"항상 감사하는 마음을 가져라."

참고
문헌

《돈의 흐름으로 읽는 세계사》 박정호, 반니, 2023

《돈이란 무엇인가》 앙드레 코스톨라니, 이레미디어, 2016

《돈의 역사》 홍춘욱, 로크미디어, 2019

《돈의 역사2》 홍춘욱, 로크미디어, 2020

《돈, 역사의 지배자》 윤형돈, 지식공장장, 2021

《돈의 탄생, 돈의 현재, 돈의 미래》 제이컵 골드스타인, 비즈니스북스, 2021

《비정하고 매혹적인 쩐의 세계》 오무라 오지로, 21세기북스, 2016

《화폐시스템의 세계사》 구로다 아키노부, 논형, 2005

《돈의 탄생》 먀오옌보, 현대지성, 2021

《부의 지도를 바꾼 돈의 세계사》 미야자키 마사카츠, 탐나는책, 2020

《금융의 지배》 니얼 퍼거슨, 민음사, 2010

《돈 사회와 경제를 움직인 화폐의 역사》 펠릭스 마틴, 문학동네, 2019

《처음 읽는 돈의 세계사》 미야자키 마사카츠, 탐나는책, 2023

《역사로 읽는 경제》 우야마 다쿠에이, 라이프맵, 2017

《경제인류학으로 본 세계무역의 역사》 김병순, 모티브북, 2007

《돈의 역사는 되풀이된다》 홍춘욱, 포르체, 2021

《돈의 본능》 토니 로빈스, 피터 멀록, 알에이치코리아, 2021

《돈 세계사를 움직인 은밀한 주인공》 제임스 리, 시커뮤니케이션, 2019

《흐름이 보이는 세계사 경제공부》 미야자키 마사카츠, 어크로스, 2018

《달러이야기》 홍익희, 한스미디어, 2014

《그림으로 보는 돈의 역사》 한명훈, 지식의숲, 2021

《금융투기의 역사》 에드워드 챈슬러, 국일증권경제연구소, 2021

《100% 돈이 세상을 살린다》 빌 토튼, 녹색평론사, 2013

《탈세의 세계사》 오무라 오지로, 더봄, 2019

《세상을 바꾼 엉뚱한 세금 이야기》 오무라 오지로, 리드리드출판, 2022

《세계사를 바꾼 돈》 안계환, 클라우드나인, 2020

《돈의 흐름으로 보는 세계사》 오무라 오지로, 위즈덤하우스, 2018

《돈의 정체 금, 달러, 비트코인-돈과 금융》 이병욱, 에이콘출판사, 2021

《돈의 철학》 임석민, 다산북스, 2020

《돈의 원리》 줄리언 심스 외 7명, 사이언스북스, 2018

《부자의 그릇》 이즈미 마사토, 다산북스, 2020

머니(Money)

초판 1쇄 발행 2024년 3월 20일

지은이 이흥규
펴낸곳 글라이더
펴낸이 박정화
편집 이고운
디자인 디자인뷰
마케팅 임호

등록 2012년 3월 28일 (제2012-000066호)
주소 경기도 고양시 덕양구 화중로 130번길 32(파스텔프라자)
전화 070) 4685-5799
팩스 0303) 0949-5799
전자우편 gliderbooks@hanmail.net
블로그 https://blog.naver.com/gliderbook
ISBN 979-11-7041-142-0 (03320)